Stb

Beate Seebauer und Felina

Tierische Seelenfreunde

Felina und ihre Tierfreunde erzählen
über die Telepathie mit Tieren

Als Vorlage diente die 2009 im RiWei Verlag
erschienene Ausgabe.

Alle Rechte vorbehalten

ISBN 978-3-8434-3015-9

© 2012 Schirner Verlag, Darmstadt
1. überarbeitete Auflage Mai 2012

Umschlag: Murat Karaçay, Schirner,
unter Verwendung eines Fotos der Autorin
Illustration: # 36119692 (Konovalov Pavel), www.fotolia.de
Lektorat & Satz: Heike Wietelmann, Schirner
Printed by: OURDASdruckt!, Celle, Germany

www.schirner.com

Inhaltsverzeichnis

In ewiger Erinnerung … 6
Einführung 12
Wie alles begann 16
Telepathie – was ist das? 20
Was man mit Tiergesprächen erreichen kann 26
Was es bedeutet, mit Tieren zu sprechen 32
Demut 38
Liebe 42
Welche Möglichkeiten es gibt, mit Tieren
  zu kommunizieren 46
Vor dem ersten Gespräch – Übungen 52
Wie fange ich an? 70
Können Tiere Farben sehen? 74
Kann mein Tier Beweise liefern, dass wir
  wirklich miteinander verbunden sind? 78
Wie ich den Menschen helfe 84
Welche Aufgaben erfüllen die Tiere bei ihren Menschen? 88
Ist es für Tiere anstrengend zu sprechen? 94
Was bedeutet »Heilung der Seele«? 96
Können Tiere Krankheiten von Menschen übernehmen? 100
Spiegeln Tiere ihre Menschen? 104
Was Tiere mit Behinderung fühlen und wie sie
  darüber denken 108
Tiere und der Tod 112
Die Mitteilung, dass ich sterben werde … 128
Mit toten Tieren kommunizieren 134
Neubeginn 142
Ich bin wieder da! 154
Danksagung 160

*In ewiger Erinnerung
an meine Seelenfreundin Felina
und meinen Begleiter Fijack*

Dieses Buch ist für all diejenigen gedacht, die ihr Bewusstsein für die Tierwelt erweitern oder vielleicht auch neu überdenken möchten. Der komplette Inhalt dieses Buches wurde übermittelt von meiner Hündin, nein, meinem Engel Felina, meinem Pferd Icaré und meinem Terrierrüden Fijack, unserem treuen Gefährten im Himmel, der uns leider schon vor ein paar Jahren verlassen musste, sowie von all den anderen Seelenfreunden, von denen ich so Wunderbares lernen durfte und noch immer lernen darf. Ich bin meinen Freunden zu ewigem Dank verpflichtet, dass sie mich stets führten und leiteten auf meinem Lebensweg. Ich hoffe, dass für jeden, der dieses Buch in Händen hält, die Liebe, die aus all den übermittelten Worten spricht und die ich bei der Übersetzung der vielen wundervollen Gespräche mit meinen Lieben empfinden durfte, spürbar wird. Ich wünsche mir sehr, dass jeder, der diese Worte liest, die positiven Schwingungen aufnehmen und fühlen kann und dass das Buch getragen wird von jenem unglaublichen Gefühl der Leichtigkeit und der bedingungslosen Liebe zu uns allen.

Es rührt mich immer wieder zu Tränen, wenn ich sehe, wie unsere Tiere sich darum bemühen, unsere beiden Welten, die der Menschen und die der Tiere, zueinanderzubringen, und wie somit in den Köpfen der Menschen, die mit ihnen leben, ein Umdenken in Gang kommt. Es schenkt mir Mut und Hoffnung auf eine bessere Welt, in der die Existenz aller Lebewesen geachtet und geschätzt wird und in der es kein Leid mehr gibt, weder auf seelischer noch auf körperlicher Ebene.

Als ich Mitte des Jahres 2007 damit begonnen hatte, Felinas Worte aufzuschreiben, wusste ich bereits, dass Felina nicht mehr da sein würde, wenn das Manuskript fertiggestellt sein wird. Und so kam es dann auch. Am 7. August 2007 hat Felina, unmittelbar nach der Fertigstellung des Hauptteils dieses Buches, unsere irdische Sphäre verlassen. Nicht immer sind Felinas Worte leicht für mich gewesen, und doch hatte im Nachhinein wieder einmal alles seinen Sinn. Wie sagte sie einmal zu mir: »Irgendwann wirst du den Sinn im Tod oder in meinem Sterben erkennen können.« Wie so oft konnte ich diese Worte nicht gleich annehmen oder gar verstehen, doch heute sind sie mir völlig klar. Nie hätte sie ihre Botschaften für uns Menschen vollenden wollen, ohne uns begreiflich zu machen, was sie wirklich meinte und von uns wollte. Bevor sie in meinen Armen starb, bat ich sie, dass sie mir bitte ein Zeichen schicken solle, wenn all das wahr ist, was wir sehen – oder besser gesagt glauben zu sehen. Felina antwortete: »Ich schicke dir einen Regenbogen.«

Und so unglaublich es sich für manchen anhören mag: Nach dem Tod meiner lieben Felina habe ich vier Wochen lang täglich einen Regenbogen gesehen. Sei es auf einem Bild, in der freien Natur, in einer Broschüre oder einfach nur in einem Regentropfen, in dem sich das Licht so spiegelte, dass man einen winzigen Regenbogen wahrnehmen konnte. Und obwohl mich bis heute immer mal wieder kleine Zweifel überkommen, ob ich mir das Ganze nicht doch nur eingebildet habe, kann ich mir doch auch heute noch sicher sein, immer mal wieder auf irgendeine Art einen Regenbogen zu Gesicht zu bekommen. Ich bin überzeugt, dass ich diese kleinen Geschenke nur deswegen erhalte, weil ich meine Zweifel und Ängste nach und nach über Bord geworfen habe und nun fest daran glaube, dass es wirklich und wahrhaftig möglich ist, mit Tieren zu kommunizieren.

Möge Felina in diesen ihren Worten ewig weiterleben und ihre Aufgabe weiterhin so gut erfüllen, wie sie es zu Lebzeiten bereits getan hat. Das wünsche ich mir für sie, für meinen Engel Felina.

Ich möchte noch einmal darauf hinweisen, dass es sich bei diesem Buch um eine Übersetzung dessen handelt, was mir meine Freunde aus dem Tierreich übermittelt haben. Um die Wiedergabe und den

Wahrheitsgehalt der Gespräche so authentisch wie möglich zu halten, wurde nichts verändert oder künstlich ausgeschmückt.

Einführung

Hallo, ihr Lieben! Ich bin Felina, eine 13 Jahre alte Hundedame und viele sagen, ich sei eine Supersüße. Meine Beate sagt das übrigens auch, sie nennt mich sogar ihren Engel, was mich persönlich sehr stolz macht. Unsere Beziehung ist sehr intensiv und etwas ganz Besonderes, denn wir verstehen uns auch auf verbaler Ebene. Ihr glaubt, das geht nicht? Habt ihr es schon einmal ausprobiert? Nein? Dann wird es aber Zeit!

Beate kann mit uns Tieren sprechen, daher war es auch möglich, meine Gedanken zu Papier zu bringen und dieses Buch zu schreiben. Denn es ist meine Geschichte, die ihr hier lest, meine Geschichte über die Kommunikation zwischen Tieren und Menschen und darüber, wie ich die Dinge der Welt und das Universum sehe. Ich bin sehr froh darüber, dass ich dies alles, was mir am Herzen liegt, hier mitteilen kann. Denn bei Lebewesen, die miteinander kommunizieren, wird die Verbundenheit noch sehr viel tiefer und inniger.

Meine Beate ist ein Vermittler zwischen uns Tieren und euch Menschen. Natürlich versteht sie nicht immer auf Anhieb, was ich meine, versucht aber das, was ich ihr mitteile, so gut es geht aus meiner Sicht wiederzugeben. Ich bin total froh darüber, dass ich euch Menschen diese Art der Kommunikation nahebringen kann, denn mein größter Wunsch ist es, dass irgendwann einmal alle Menschen in der Lage sind, mit ihren Tieren zu sprechen.

Wie alles begann

Ich war nicht immer allein in meiner Familie. Da gab es noch meinen Freund Fijack, unseren »Dicken«. Der Mann, der bei uns wohnt, Beates Mann, hatte ihn immer liebevoll so genannt. Wir hatten eine tolle Zeit und viel Spaß zusammen, bis er leider irgendwann sehr krank wurde. Er ärgerte sich sehr über seinen Zustand. Aber letztlich war dies der Auslöser dafür, dass Beate mit uns zu sprechen begann. Eine Freundin erzählte ihr damals davon, dass es Menschen gibt, die mit Tieren sprechen, und so wollte sie natürlich sofort wissen, was genau es damit auf sich hat und wie es funktioniert.

Ich bin mir sicher, dass sie über das Ergebnis des ersten Gespräches mit Fijack sehr überrascht war, denn mit derart vielen genauen Angaben und Details konnte sie einfach nicht gerechnet haben. Aber so ist das nun einmal, wenn man kommuniziert – man erhält Antworten, auch von uns Tieren. Ich finde es ja fast schon ein wenig hochnäsig, anzunehmen, nur Menschen stünde das Privileg der verbalen Kommunikation zu. Dass ihr uns Tiere aufgrund unserer Verhaltensweisen verstehen und einschätzen könnt, habt ihr ja schon lange begriffen. Allerdings ist es

doch manchmal schon recht lustig, wenn ihr unser Verhalten mit euren Maßstäben interpretiert, so als ob wir Tiere alle gleich wären.
Sind wir uns denn wirklich alle so ähnlich?

Beate war jedenfalls damals, nach jenem ersten Gespräch mit Fijack, derart erstaunt und hocherfreut zugleich über die Genauigkeit seiner Aussagen, dass sie das einzig Richtige tat: Sie versuchte, die Tierkommunikation zu perfektionieren! Und schon nach kurzer Zeit sprach sie regelmäßig mit uns, mit mir und Fijack. Mit ihm sprach sie vor allem über sein Leben und den Tod, und nicht immer waren seine Mitteilungen schön für sie, sondern zuweilen auch von Traurigkeit und Furcht erfüllt. Wir fragten uns oft, wie es wohl ohne unseren Freund sein würde, wenn er einmal stirbt.
Ich habe darüber, wie wir den Tod sehen und damit umgehen, meine ganz eigene Meinung. Es ist alles andere als einfach, sich von einem geliebten Freund und Weggefährten zu trennen. Und doch bin ich im Nachhinein der Ansicht, dass wir uns trotz allem glücklich schätzen konnten, dass es uns möglich war, uns auf das, was kam, vorzubereiten und uns in aller Ruhe zu verabschieden.
Zudem glaube ich, dass Beate gerade in dieser Zeit viel gelernt hat. Als der Tag des Abschieds dann aber kam, war es trotzdem sehr, sehr schlimm. Beate und ich sind nicht zu Hause gewesen, als die Tierärztin kam, um ihn einschlafen zu lassen. Fijack ist mein

bester Freund gewesen ... aber ich weiß ja, dass ich ihn irgendwann wiedersehen werde!

So waren es also recht traurige Umstände, die Beate mit der Tierkommunikation in Kontakt brachten. Und Susi, die Katze von Beates Freundin, ermutigte sie immer wieder, weiterzumachen, das Kommunizieren mit uns Tieren trotz der tiefen Trauer um Fijack nicht wieder aufzugeben. Und heute, nachdem einige Jahre vergangen sind, möchte sich Beate ihr Leben ohne die vielen schönen und erfüllenden Gespräche mit uns gar nicht mehr vorstellen. Und ich bin mir sicher, dass sie heute absolut davon überzeugt ist, den richtigen Schritt getan zu haben.
Glaubt bitte nicht, dass es irrsinnig kompliziert oder schwierig ist, mit uns Tieren zu reden, nein, es ist total simpel! Im Grunde ist die Fähigkeit dazu schon in jedem Menschen angelegt. Ihr solltet einfach nur zur Ruhe finden, still sein, zuhören und zulassen, was da so kommt. Denkt nicht darüber nach, denn es geschieht alles sehr schnell und ganz von allein. So einfach ist das!

Telepathie – was ist das?

Ohne großes wissenschaftliches Brimborium kann man dies mit einem einzigen Wort erklären: Es ist einfach »Gedankenübertragung«, ein »Senden« von Wörtern, Bildern und Gefühlen auf gedanklicher Ebene: Durch Energiewellen wird ein Kommunikationskanal hergestellt.
Ihr alle habt diese Erfahrung schon gemacht, ob bewusst oder auch unbewusst. Bestimmt habt ihr schon erlebt, dass ihr an jemanden gedacht habt, an jemanden, den ihr vielleicht schon lange nicht mehr gesehen hattet, und plötzlich war dieser Jemand am Telefon oder stand sogar leibhaftig vor euch. Wie oft ist es euch schon passiert, dass euer Gegenüber genau das ausgesprochen hat, war ihr gerade gedacht hattet? Bestimmt nicht nur ein oder zwei Mal, nein, so etwas passiert eigentlich ständig. Und all das beruht letztlich auf Gedankenübertragung oder »Telepathie«.

Wenn sich Menschen und Tiere »gedanklich« miteinander austauschen, dann müssen sie noch nicht einmal im selben Raum sein, denn die Telepathie ist über jede nur erdenkliche Entfernung möglich. Manch alte Naturvölker machen dies sehr erfolg-

reich vor und kommunizieren telepathisch über viele Hunderte Kilometer Entfernung miteinander. Besonders gut funktioniert es, wenn man mithilfe eines Bildes die Verbindung herstellt.
Für mich persönlich bedarf es keinerlei Beweise, dass die Telepathie tatsächlich funktioniert. Ich weiß es einfach, und ich weiß auch, dass diese Form der Verständigung zwischen Mensch und Tier auf die gleiche Weise funktioniert wie die zwischen Menschen untereinander.

»Ich kann das bestimmt nicht!«
Wie oft hat meine Beate diesen Satz schon gehört, und wie oft haben wir, Beate und ich, all diese Zweifler eines Besseren belehrt. Jeder, wirklich jeder kann die Tierkommunikation erlernen, lasst euch bitte von niemandem etwas anderes einreden. Es liegt nur an euch selbst, probiert es einfach und jammert nicht schon, ehe ihr überhaupt angefangen habt. Ich kann euch beruhigen, so wie Beate es auf ihren Seminaren immer tut: »Es funktioniert bei allen, glaubt einfach nur daran!«

Die Worte, die ihr empfangt, sind vielleicht nicht gleich bei allen klar und präzise, doch das ist alles reine Übungssache. Fremdsprachen lernt ihr ja auch nicht an einem Tag, und bei dem einen oder anderen dauert es vielleicht einfach ein wenig länger. Mit der Zeit werdet ihr alle Zweifel und Bedenken loswerden, verlasst euch da mal ganz auf mich. Ich höre nämlich immer wieder, dass ich eine gute Lehrerin sei, die es verstehe, die Herzen zu öffnen und Brücken zu bauen zwischen euch und uns.

Ich werde euch genau zeigen und erklären, wie man telepathische Gedanken erkennen und verstehen kann. Meist sind die Köpfe von euch Menschen immer schon mit sehr vielen Dingen vollgestopft, und leider glaubt ihr allzu oft, dass es *eure* eigenen Gedanken seien – und nicht die von uns Tieren. Aber das ist nicht so, und darauf müsst ihr einfach vertrauen.

Ich erlebe sehr oft, dass Menschen sich selbst im Wege stehen. Es ist das kleine Teufelchen »Ego«, das in eurem Kopf ständig das Gegenteil behauptet, euch unsicher macht und von wirklich schönen Erfahrungen abzuhalten versucht. Schaltet es aus, es hat keine Macht über euch, es hat nichts zu sagen, denn egal, was euch euer Ego auch erzählen mag – ihr könnt mit Tieren sprechen!

Manchmal versteht ihr uns auch nur deshalb nicht, weil ihr zu laut seid und nicht einfach mal innehalten, in euch gehen und zuhören könnt. Wenn ihr euch bemüht, ganz gesammelt und bei euch zu sein, dann werdet ihr die vielen liebevollen Botschaften der Tiere hören können. Habt keine Angst. Und wenn ihr einmal Beschwerden oder Kritik zu hören bekommt, nehmt sie mit Gelassenheit und Freude an, denn so habt ihr die Möglichkeit, tatsächlich etwas in eurem Leben zu verändern. Fürchtet euch nicht vor dieser Herausforderung, denn das Ergebnis wird immer sein, dass sich neue Türen in eurem Leben öffnen und Liebe und Freude einkehren werden.

Was man mit Tiergesprächen erreichen kann

Seitdem Beate mit mir spricht, hat sich unsere Beziehung noch vertieft, ist noch viel, viel inniger geworden. Die Liebe, die ich für sie empfinde, kann sie jetzt als viel realer und intensiver wahrnehmen. Natürlich wusste sie schon vorher, dass ich sie sehr liebe, dennoch ist es jetzt irgendwie anders für uns beide.
Gefühle sind ja manchmal schwer in Worte zu fassen, auch für mich, aber ich kann aus eigener Erfahrung sagen, dass sich konkret etwas verändert hat:
Indem sie mir bewusst zuhört, kann sie viel besser auf mich und *meine* Wünsche eingehen. Wenn sie mir beispielsweise davon erzählt, dass sie in den Urlaub fahren möchte, teile ich ihr mit, dass ich Bedenken wegen der langen Autofahrt habe. Sie hört sich meine Sichtweise an und überlegt, was sie dafür tun kann, dass mir die Zeit nicht zu lang wird. Es ist nicht immer einfach für sie, aber sie erfüllt meine Wünsche, so gut es eben geht, weil sie meine Worte absolut ernst nimmt. Sie zweifelt nicht an meinen Aussagen, auch wenn sie vielleicht nicht immer hören will, was ich ihr sage. Natürlich gibt es manchmal auch Dinge, über die wir uns nicht sofort einig sind, aber das ist bei eigenständig

denkenden Lebewesen ja auch ganz normal. Und am Ende kommen wir dann doch irgendwie auf einen gemeinsamen Nenner.

Manchmal denke ich, dass es für euch Menschen schwer zu akzeptieren ist, dass wir unsere eigenen Ansichten haben. Wenn ihr aber lernt, uns nicht zu verbiegen oder nicht mit allen Mitteln zu versuchen, euren Willen durchzusetzen, dann kann unser Zusammenleben viel besser werden. *Wir* verstehen die Gründe für *eure* Handlungsweisen manchmal nämlich auch nicht. Aber wenn wir alle bereit sind, Kompromisse zu finden, dann wird es auch funktionieren. Ihr diskutiert die Probleme, die ihr mit anderen Menschen habt, ja schließlich auch aus und sucht gemeinsam nach Lösungen. Und genauso könnnte es auch mit uns sein. Sprecht mit uns, findet Mittelwege und besteht nicht nur auf eurem Recht, dann wird alles wunderbar. Wenn ihr allerdings auf eurem Standpunkt beharrt und uns auch noch das Gefühl gebt, uns nicht ernst zu nehmen, dann wird sich auch bestimmt nichts ändern, das ist sicher.

Um zu zeigen, wie positiv sich kleine Kompromisse auswirken können, erzähle ich euch die Geschichte von Jameo, einem Kater, der sich mit seinem Mitbewohner Cesár nicht vertragen hat. Ich möchte ihm an dieser Stelle auch ein kleines Denkmal setzen, weil er ein so wunderbarer Kerl war, denn leider ist er schon gegangen.

Die Frau, bei der Jameo wohnte, hat einmal ein Seminar bei Beate besucht, und Beate sprach während des Seminars natürlich auch mit ihm. Jameos Menschenfreundin wollte wissen, warum er seinen Artgenossen Cesár immer so sehr ärgern, ihn zeitweise regelrecht schikanieren würde. Jameo erzählte Beate, dass ihm oft ziemlich langweilig und dies die einzige Abwechslung sei, die ihm so richtig Spaß machen würde. Beate sagte ihm, dass dieses Verhalten aber gar nicht nett sei und auch etwas unfair. Sie fragte, ob es etwas gäbe, was man dagegen tun könne, und er meinte, dass er gerne einmal raus ins Freie gehen würde. Da dies aber nicht möglich war, fragte Beate, ob er damit einverstanden wäre, wenn man mit ihm an einer Leine spazierengehen würde. Und das war für ihn absolut akzeptabel.
Und ihr vermutet vielleicht schon, was dann passierte? Na, was wohl? Es gab keinerlei Ärger mehr. Jameos Menschen hielten ihren Teil der Abmachung ein, und er selbst natürlich den seinen. Er war glücklich und seine Menschen auch. Ist das nicht schön? Ist es nicht wunderbar von Jameos Menschenfreundin gewesen, einfach mal etwas auszuprobieren, anstatt es gleich als Unfug abzutun?

Vielleicht funktioniert es nicht immer so auf Anhieb wie bei Jameo, aber probieren kann man es doch, oder? Falls es nicht gleich so funktioniert, wie man es gedacht hat, bedarf es vielleicht einfach nur mehrerer Gespräche und Versuche. Ändern wird sich auf jeden Fall etwas, und sei es nur, dass sich euer

Tier auf eine andere Weise erkenntlich zeigt, indem es euch vielleicht mehr Aufmerksamkeit entgegenbringt als bisher.

Mein Leben ist so wunderbar, und ich wünsche allen Tieren, dass sie bei Menschen leben können, von denen sie von Herzen verstanden werden. Es würde alles viel leichter und harmonischer machen, und sicher würden auch nicht mehr so viele Tiere gequält und vernachlässigt werden. Ich hoffe so sehr, dass irgendwann der Tag kommt, an dem jede Seele die andere achtet und keine Schmerzen und Leiden mehr zugefügt werden. Ich hoffe, dass ihr Menschen euer Wissen weitergebt und euer gutes Beispiel Frucht tragen wird, sodass diejenigen, die diesen Weg noch nicht gefunden haben, ebenfalls irgendwann einmal von unseren Botschaften, die voller Liebe, Ehrlichkeit und tiefer Wahrheiten sind, profitieren und am allgegenwärtigen Licht und der Liebe teilhaben können. Ich bin mir sicher, irgendwann wird es so sein. Wäre das nicht schön?

Bei Beate habe ich bemerkt, dass ihre Achtung vor dem Leben, egal in welcher Form, viel größer und intensiver geworden ist. Sie erkennt jetzt alles und jeden in seiner ursprünglichen Identität an. Und genau so sollte es ja eigentlich auch sein! Auch ihre Ansichten haben sich geändert. Durch die Kommunikation mit uns hat sie gelernt, immer beide Seiten zu sehen und zu respektieren.

Ach, wenn ihr nur fühlen könntet, wie glücklich ich bin, euch hier und jetzt all das, was ich weiß, mitteilen zu dürfen! Ich bin nicht erleuchtet oder so, nein, ganz bestimmt nicht, und doch glaube ich, dass ich euch ein klein wenig helfen kann. Das Beste von allem ist allerdings, dass meine Worte hier, in diesem Buch verewigt werden. Danke, liebe Beate!

»Ich danke *dir*, mein Engel!«

Was es bedeutet, mit Tieren zu sprechen

Mit Tieren zu sprechen, heißt auf jeden Fall, Verantwortung zu übernehmen, denn alles, was ihr im Namen eines Tieres weitergebt, hat unweigerlich Auswirkungen. Ihr sprecht in unserem Namen, und wenn ihr das vergesst, werdet ihr hoffentlich schnell wieder auf den Boden der Tatsachen geholt, um noch einmal darüber nachdenken zu können.
Ihr solltet also immer genauestens darauf achten, ob es wirklich *unsere* Worte sind, oder ob euer Verstand sich die Antwort nicht schon vorher zurechtgelegt hat. Dies zu unterscheiden, gilt es zu lernen. Ich sage nicht, dass es immer leicht ist, doch wer verantwortungsvoll mit anderen Lebewesen umgeht, wird bald den Unterschied erkennen. Und ihr solltet immer daran denken, welch großes Vertrauen wir Tiere euch entgegenbringen.

Bekommt ihr langsam ein Gespür dafür, auf welche Weise wir euch sehen und euch einschätzen? Wir vertrauen stets darauf, dass ihr in unserem Sinne handelt. Stets sollten *wir*, und ich meine damit unser aller Belange, die von Mensch und Tier, im Vordergrund stehen, und nicht nur die euren. Nicht Eitel-

keit oder der eigene Vorteil sollte euch dazu motivieren, mit uns in Kontakt zu treten, sondern der Wille, unsere Bedürfnisse weiterzugeben, es laut zu sagen: »Hey, ich spreche mit Tieren, es ist wunderschön und ein Geschenk, das ich wieder erlernen durfte.«
Natürlich werden wir Kleinigkeiten, die ihr einmal nicht auf Anhieb erfasst, nicht übel nehmen. Wir wissen doch auch, dass niemand unfehlbar ist. Wir nicht und ihr ebenso nicht. Sollte es aber um entscheidende Fragen gehen, dann bitte ich euch aus tiefstem Herzen, eure Antworten unbedingt zu prüfen und das, was ihr weitergebt, gut zu überdenken. Wie gesagt: Handelt bitte nicht, um einen Vorteil für euch herauszuschlagen, aus Egoismus oder Profitgier. Wenn bei einem Gespräch Emotionen hochkommen, dann könnt ihr sicher sein, dass wir Tiere es sind, die zu euch sprechen. Prüfen könnt ihr die Worte in eurem Herzen, Gott und die Engel werden euch helfen, es zu erkennen – und wir natürlich auch. Ich möchte mit meinen Worten niemandem Angst einjagen, aber in jedem Fall deutlich machen, dass es für uns nicht egal ist, was genau ihr weitergebt. Bitte vergesst das nicht!

Die einen von euch werden sich recht leicht tun, mit Tieren zu kommunizieren, bei anderen bedarf es einfach etwas mehr Übung. Lasst euch Zeit, denn ein solcher Prozess, bei dem eure Sinne immer mehr geschärft werden müssen, dauert eben – so wie ein Baum, der Jahrzehnte braucht, bis er groß und stattlich geworden ist.

Hilfreich sind Übungen, die Beate immer bei ihren Seminaren durchführt, und von denen ich euch später noch einige vorstellen werde. Zunächst möchte ich aber noch einmal auf das Thema »Verantwortung« zu sprechen kommen, und zwar euer Ego betreffend. Beate erzählt euch nun eine kleine Geschichte dazu.

Als ich anfing, mit Tieren zu sprechen, waren die Feedbacks der Menschen immer überwältigend. Natürlich wuchs mein Selbstvertrauen dadurch ungemein, und ich hatte alsbald das Gefühl, regelrecht zu wachsen, immer »größer« zu werden. Es lief alles super für mich. Insgeheim schlichen sich Gedanken ein wie »Wow, ich bin wirklich gut.« Ich war kurz davor, abzuheben, den Boden unter den Füßen zu verlieren. Doch dann kam der Tag, an dem ich ein niederschmetterndes Gespräch mit meiner ersten Tierkommunikations-Mentorin hatte. Sie wusste nicht, dass ich die Tierkommunikation schon professionell anbot, und erzählte mir von diesem aktuellen Trend, dass sich momentan »jeder« als Tierkommunikator bezeichnen würde. Ständig würden diese Leute mit verstorbenen Tieren reden, die ja quasi alles wüssten, weil sie sich in einer anderen Dimension befänden. Es gehe diesen Menschen aber nur darum, *ihre eigenen* Probleme zu lösen. Das sei äußerst verantwortungslos und egoistisch.
Ich war nach diesem Gespräch zutiefst deprimiert. »Was kann ich denn eigentlich schon?!«, dachte ich bei mir, aber da ich auch mit Engeln kommuniziere,

bat ich sie um Hilfe. Ich fragte, was das alles zu bedeuten habe, warum ich so etwas zu hören bekäme und ob dies nun doch nicht mein Weg sei. Mein Engel sagte: »Doch, meine Liebe, es ist dein Weg, aber wir mussten dich einfach mal wieder auf den Boden der Tatsachen zurückholen.«

Ich war unendlich dankbar für diese bestätigende Botschaft – und natürlich auch dafür, dass ich davor bewahrt worden war, vom rechten Weg abzukommen.

Bis heute ist es mir nicht mehr passiert, dass ich auch nur ansatzweise abgehoben bin oder dass ich nicht genügend Demut für das aufgebracht habe, was ich tue. Mir ist seither immer klarer geworden, dass ich nur ein Sprachrohr bin und es rein gar nichts mit mir und meiner Person zu tun hat, sondern dass ich einfach nur dabei unterstützt werde, als Vermittler zwischen Tier und Mensch zu dienen, denn genau so sehe ich mich: als Mittlerin, nichts mehr und nichts weniger. Und dafür bin ich aus tiefstem Herzen dankbar.

Demut

Demütig zu sein bedeutet, nicht die eigene »Größe« herauszustellen, sondern die Integrität und Fähigkeit zu besitzen, die dazu nötig ist, sich uns Tieren anzupassen. Ihr werdet euch sehr viel leichter tun, wenn ihr uns als gleichwertig betrachtet, als wirklich selbstständig denkende Wesen mit eigenem Charakter und eigenen Wünschen, eigenen Meinungen und natürlich auch eigenen Ansichten. Ich kann mir gut vorstellen, dass es vielen von euch vielleicht zu Beginn nicht besonders leicht fallen wird, alles einfach so hinzunehmen, was wir sagen. »Ist das wirklich möglich, dass mein Tier so viel oder so etwas weiß?«, werdet ihr euch fragen. Sicher ist es möglich, warum auch nicht? Viele von euch glauben ja auch an Gott oder eine höhere Macht, ohne ihn oder sie jemals persönlich getroffen oder gesprochen zu haben. Und nicht alles im Leben dreht sich nur um euch, nicht alles, was ihr zu wissen glaubt, ist Gesetz. Wenn ihr all das begreift und es einsieht, wird euch sehr viel gegeben werden, das kann ich euch von Herzen versprechen. Ihr werdet erfahren, was es bedeutet, wahre Liebe zu fühlen und alles als eine einzige Einheit zu erleben.

Macht euch doch einfach mal ein bisschen kleiner, als ihr seid, und versucht, auf Augenhöhe mit uns zu kommen oder uns vielleicht sogar noch wichtiger zu nehmen als euch selbst. Ich verlange das nicht von euch, nein, aber wir haben die Erfahrung gemacht, dass wir uns euch dann noch viel besser öffnen können. Seid demütig und geht achtsam mit anderen Lebewesen um, lasst Ethik und Moral in euerem Herzen walten. Nutzt die Antworten, die wir euch geben, nicht zu eurem Vorteil oder um jemanden damit zu manipulieren. Man kann sicherlich so gut wie alles erfahren, was man möchte, doch ob all diese Informationen, insbesondere von fremden Tieren, immer dem Guten dienen, ist sehr fraglich. Fragt euch selbst immer, in wieweit ihr in die Privatsphäre des jeweiligen Menschen eindringen wollt, und vor allem, wie weit es überhaupt nötig ist, um für das betroffene Tier das Beste herauszuholen. Es ist wichtig, dass ihr das immer bedenkt, darum seid demütig und auch dankbar für diese wunderbare Gabe, die in euch ist.

Liebe

Geht mit viel Liebe, offenen Herzen und Gespür an die Gespräche heran, denn die Liebe ist der Schlüssel zu allem, auch zu unseren Herzen. Uns etwas vorzuspielen – und damit meine ich, Gefühle zu heucheln –, ist zwecklos, denn wir können in eure Seelen blicken. Wir erkennen euer wahres Ich. Und auch, wenn ihr denkt, ihr wäret nichts wert, sehen wir trotzdem das Licht und die Liebe in jedem von euch. Also zeigt eure Emotionen genau so, wie sie sind, absolut rein und ehrlich! Spielt uns nichts vor, wenn es gilt, unser Vertrauen zu gewinnen, denn mit absoluter Ehrlichkeit erreicht ihr dies am schnellsten. Nehmt uns und das, was wir euch sagen, bitte ernst. Meist möchten wir euch mit unserem Verhalten zeigen, dass ihr etwas ändern müsst, und darauf gilt es, sich zu konzentrieren.

Das ist natürlich nicht immer leicht für euch, besonders dann nicht, wenn ihr durch uns auf eure Fehler aufmerksam gemacht werdet, denn es bedarf einer Menge an Ehrlichkeit und Mut, um sich Fehler einzugestehen. Euer Ego wird gewisse Dinge sicher erst einmal anders sehen. Beurteilt aber nicht sofort, was wir sagen, sondern denkt erst einmal darüber nach.

Und in den meisten Fällen werdet ihr erkennen, dass das, was wir euch sagen, der Wahrheit entspricht. Ihr werdet erfreut und erstaunt sein zugleich über die Klugheit und Weisheit eurer Tiere. Sollte euer Stolz euch in die Quere kommen und davon abhalten wollen, gemachte Fehler zuzugeben, werden die Dinge meist beim Alten und die Probleme ungelöst bleiben. Denkt sich der Mensch, das sei sowieso alles Unfug und das *Tier* könne sich ja schließlich auch ändern, sollte er sich nicht wundern, wenn sich in der Beziehung gar nichts tut.

Ich vermute, solche Menschen sind dann einfach noch nicht so weit, die ganze Tragweite des Lebens und des Universums wenigstens ansatzweise zu begreifen. Es wird aber sicher irgendwann anders sein, denn wir Tiere werden so lange versuchen, euch die Dinge zu zeigen, wie sie sind, bis ihr es annehmen könnt.
Welch wunderbare Lehrer sie doch sind, eure Tiere. Könnt ihr es nicht sehen? Natürlich könnt ihr das. Ich kann fühlen, dass ihr es könnt.
Eure Tiere sind so sehr mit euch verbunden. Sie sprechen meist mit solcher Liebe und so viel Gefühl von ihren Menschen, dass viele von euch sehr gerührt wären, wenn sie es hören könnten. Es werden Tränen der Rührung fließen, wenn ihr es dann irgendwann mal könnt, denn es sind Worte, die euer Herz berühren werden –, wenn ihr es nur zulasst.
Es ist ganz wunderbar zu beobachten, wie sich Beziehungen auf diese Weise immer mehr vertiefen und

noch inniger werden. Ich hoffe, dass ihr diese Erfahrung auch bald selbst erleben könnt.

Im Moment fühle ich mich manchmal nicht so gut, doch ich mache weiter, weil ich den Menschen noch unbedingt meine Worte nahebringen möchte. Meine Zeit hier, auf der Erde, ist begrenzt. Es ist nicht immer einfach für euch Menschen, solche Dinge zu hören, denn wir sprechen über das Leben im Allgemeinen, über die Liebe und den Tod und über vieles mehr. Nehmt es an, es wird wunderbar.

Welche Möglichkeiten es gibt, mit Tieren zu kommunizieren

Bestimmt fragt ihr euch schon, wann es denn nun endlich so weit ist und ich genauer erkläre, wie die Tierkommunikation funktioniert?
Stellt euch einfach vor, ihr telefoniert mit einem Freund. Ihr wählt seine Nummer und dann ist er am anderen Ende der Leitung. Ob ihr es glaubt oder nicht: Genauso einfach funktioniert das auch mit der Tierkommunikation! Alles, was ihr tun müsst, ist, euch eine Verbindung vorzustellen zwischen dem Stirn-Chakra (das befindet sich in der Mitte der Stirn zwischen den Augenbrauen und wird auch Drittes Auge genannt) des Tieres, mit dem ihr kommunizieren wollt, und eurem eigenen. Wem es lieber ist, der kann in Gedanken auch eine Verbindung von Herz zu Herz herstellen, uns ist das vollkommen egal. Ihr baut also gedanklich diese Leitung auf, und auf diesem Wege sendet ihr dann einfach eure Fragen. Und auf dem gleichen Weg schicken wir dann unsere Antworten zurück. So einfach ist das!
Wie unsere Antworten genau aussehen, fragt ihr euch? Nun, es können Gefühle, Worte oder Bilder sein, die ihr empfangt und die ihr dann nur noch zu übersetzen braucht. Übersetzen heißt in diesem Fall,

die Bilder oder Schwingungen, die wir an euch senden, in euch verständliche Worte umzuwandeln.

Die Kommunikation selbst kann auf verschiedenen Ebenen erfolgen. Da wäre zuallererst einmal das »Hellsehen« zu nennen, eine Fähigkeit, die vielen von euch schon in die Wiege gelegt wurde. Es bedeutet, dass wir euch das, was wir euch mitteilen möchten, in Bildern übermitteln, sodass in euren Köpfen ein regelrechter Film abläuft. Diesen Film gilt es zu analysieren, und je detaillierter ihr diese Bilder beschreiben könnt, umso besser ist es für die Menschen, an die ihr die Botschaften weitergebt. Vielleicht wird es nach den ersten »Gesprächen« noch so sein, dass ihr nicht alles sofort und klar erkennen könnt, aber ihr wisst ja: Nur Übung macht den Meister!

Die zweite Art der Kommunikation ist das »Hellfühlen«. Wenn ihr diese Art der Kommunikation beherrscht, dann habt ihr das Talent, unseren jeweiligen Gefühlszustand wahrzunehmen. Zuweilen können diese Gefühle sehr intensiv, ja überwältigend sein. Habt aber keine Angst, wir möchten euch damit nicht erschrecken und achten schon sehr darauf, was ihr vertragen könnt.
Je nachdem, wie sensibel ihr seid, kann euch ein Gespräch sehr unter die Haut gehen. Es gibt Übungen, die ich euch später noch erklären werde, die euch dabei helfen, euch selbst zu schützen. Vergesst bitte niemals, diese regelmäßig zu machen, damit euch besonders starke Empfindungen nicht aus der Bahn werfen. Genau wie

beim Empfangen von Bildern, also dem Hellsehen, gilt es auch hier, die Gefühle so genau wie möglich zu beschreiben. Manchmal ist das gar nicht so einfach, weil man sie oft nicht so gut in Worte fassen kann. Zudem gibt es ja auch Emotionen, die sich sehr ähnlich sind, zum Beispiel Traurigkeit und Melancholie. Ähnlich, aber nicht gleich. Ich denke ihr versteht, was ich meine. Die Frage, ob nun alle Menschen hellfühlen können, muss ich leider mit Nein beantworten. Meistens ist es so, dass Menschen schon von Anfang an ein oder zwei Arten der Kommunikation sehr gut beherrschen. Und in den meisten Fällen stellt sich mit der Zeit ohnehin die Fähigkeit für jede Form der Kommunikation ein. Ob aber alle so ausgeprägt sind wie die bereits zu Beginn vorhandenen Gaben, würde ich eher bezweifeln. Ich denke, jeder hat so seine Stärken, und die liegen in den ganz unterschiedlichen Empfindungen eines jeden Einzelnen.

Als dritte Art der Kommunikation wäre dann noch das »Hellhören« zu nennen, das ist die Form, die am meisten verbreitet ist. Es äußert sich so, dass euch plötzlich fremde Gedanken durch den Kopf gehen. Wenn ihr einmal ein bisschen darin geübt seid, werdet ihr auch die verschiedenen Stimmen der Tiere wahrnehmen können. Meine Stimme ist zum Beispiel sehr weich und liebevoll, manchmal auch aufgekratzt und fröhlich. Beate, was meinst du dazu?

»Du hast recht meine Liebe!«

Wenn ihr es schafft, die verschiedenen Tonlagen zu unterscheiden, dann habt ihr damit quasi die Bestätigung, dass wir es sind, die ihr da hört. Manchmal, vor allem, wenn man noch nicht so geübt ist, kann das Gehörte auch wie die eigene Stimme klingen, dann ist es wesentlich schwieriger. Aber sollte euch unerwartet ein Lächeln über die Lippen huschen oder eine Träne über die Wange laufen, dann seid euch sicher, dass ihr mit uns verbunden seid.

Aber auch, wenn ihr keine solch starken Emotionen empfindet und nur die eigene Stimme zu hören scheint, so könnt ihr dennoch davon ausgehen, dass es sich um eine Botschaft von uns handelt. Es bedarf dann einfach eures puren Glaubens und Vertrauens. Aber in manchen Momenten einfach den Verstand auszuschalten, damit wird der eine oder andere von euch sicherlich seine Schwierigkeiten haben. Je mehr ihr jedoch in Übung kommt, umso leichter werdet ihr es am Ende unterscheiden können.

Ein Gespräch mit uns ist unkompliziert. Wir Tiere werden euch dabei helfen und unterstützen, eben genau weil *wir* ja wollen, dass ihr mit uns sprecht und sie auch versteht. Die Antworten kommen immer so schnell, so spontan, dass ihr gar keine Zeit haben werdet, darüber nachzudenken, ob die Worte nun tatsächlich von uns Tieren stammen oder eure eigenen Gedanken wiedergeben. Ihr werdet es erleben: Sobald die Frage gestellt wurde, ist die Antwort auch schon in eurem Kopf.

Sollte jedoch eine Antwort einmal auf sich warten lassen, dann klopft sicher gerade wieder euer Ego an die Tür. Eure Gedanken und Überlegungen mischen sich ein, weswegen ihr dann die Antwort nicht hören könnt. Es kann natürlich auch möglich sein, dass eure Tiere auf eine bestimmte Frage einfach nur keine Antwort geben möchten. Haltet euch in einem solchen Fall nicht zu lange bei dieser Frage auf und geht einfach zur nächsten über. Ich spüre immer diesen Druck, den ihr euch selbst macht. Die Angst, die den Kanal blockiert und euch denken lässt, ihr hättet nichts gehört, es wäre so viel anderes in eurem Kopf … Am besten, ihr steht in solchen Momenten auf, hüpft ein wenig im Kreis umher, lacht einmal laut über euch selbst – und fangt dann einfach nochmal von vorne an. Manchmal ist es auch hilfreich, dem Verstand zu sagen: »Hey, ich habe dich registriert, ich weiß, dass du da bist. Es wäre allerdings nett, wenn du mir helfen würdest und mir nicht im Weg stündest.« Ihr werdet sehen, dann klappt es. Auf Seminaren habe ich schon oft festgestellt, dass es bereits hilft, wenn Beate nur daneben steht und sagt: »Was siehst du jetzt? Schreibe es einfach auf. Ich spüre und fühle, dass du es schon bekommen hast.« Und wisst ihr, was komisch ist? Diese Menschen verstehen es dann auch und schreiben alles auf, was zwar vorher schon da war, aber durch eine Blockade irgendwie nicht zutage kam. Es macht mich immer ganz selig, wenn es dann doch funktioniert und alles so ist, wie es sein soll. Die Menschen sind hinterher immer ganz erstaunt, wie einfach doch alles ist, wenn der Knoten erst geplatzt ist.

Vor dem ersten Gespräch – Übungen

Wie gesagt, es gibt gewisse Dinge, die ihr vor einer Kommunikation beachten solltet.
Um euch ein bisschen auf diesem Weg zu helfen, werden Beate und ich nun verschiedene Übungen vorstellen, die euch dabei helfen sollen, eure Gedanken zu kontrollieren. Beate sagt immer, jeder solle aus diesen Übungen für sich herausnehmen, was für ihn stimmig ist.

Energetische Reinigung

Dem Zweck dieser Übung liegt die Tatsache zugrunde, dass in der Aura, von der jeder von uns umgeben ist, sämtliche Gefühle, Gedanken, Traumen und Emotionen gespeichert sind. Egal, ob dort Liebe oder Zorn zu finden ist – wir Tiere können es sehen. Hellfühlende Menschen können so etwas meist auch spüren und wahrnehmen.
Um sich von Sorgen, Ärger, Zorn, Ängsten und anderen negativen Emotionen und Gedanken zu befreien, ist eine kurze energetische Reinigung zu empfehlen. Dies hilft euch dabei, wieder ins Gleichgewicht zu kommen, bevor ihr mit einem Tier sprecht. Ihr könnt

sie aber auch »einfach so« machen. Wenn ihr euch über einen Menschen geärgert habt oder Stress bei der Arbeit hattet, macht diese Reinigung spätestens bevor ihr zu Bett geht, und ihr werdet euch unglaublich befreit und erleichtert fühlen. Ihr seid dann auch in der Lage, zu vergeben und zu verzeihen, und nehmt eure Wut nicht mit in den Schlaf, der ja eigentlich der Erholung dienen sollte, sondern übergebt sie einfach dem Universum. So werdet ihr euer Gleichgewicht wiederfinden und euch gut fühlen.
So, meine Lieben, ich hoffe sehr, dass ihr meinen Ratschlägen folgen und die erste Übung genießen könnt.

Meditation: Energetische Reinigung

Lege oder setze dich bequem hin und atme tief ein und wieder aus. Lasse alle Spannung von dir abfallen und spüre, wie du mit jeder Ausatmung mehr zur Ruhe kommst.

Vor deinem inneren Auge siehst du jetzt drei Stufen, die nach unten führen. Gehe nun die erste Stufe hinunter und atme wieder tief ein und aus. Gehe dann die zweite Stufe nach unten und atme erneut tief ein und aus. Nachdem du die dritte Stufe hinabgestiegen bist, stehst du vor einem großen Tor. Öffne nun dieses Tor und gehe hindurch. Du siehst eine Landschaft, die genau deiner Vorstellung von einer Traumlandschaft entspricht. Dann siehst du einen Weg, der durch diese Landschaft führt, einen Weg, dem du nun folgen wirst.

Du genießt die ruhige Atmosphäre, die dich umgibt. Du hörst die Vögel zwitschern und den Wind im Blätterwald rauschen.

Gehe nun so lange weiter, bis du einen wunderschönen großen Wasserfall siehst. Das Wasser ist rein und klar. Unterhalb erstreckt sich ein herrlicher See. Der Wasserfall lädt dich ein, eine Reinigung durchzuführen. Gehe dorthin, und stelle dich direkt darunter. Du fühlst, wie das kühle Nass langsam an dir hinabläuft. Reinige nun deinen Körper und befreie ihn von allen negativen Gedanken, Zweifeln, Ängsten und Emotionen, von allem, was dich belastet und blockiert. Wasche dich ganz rein. Du spürst, wie all diese Gedanken und Emotionen die äußere Schicht deines Körpers verlassen. Bleibe so lange unter dem Wasserfall stehen, bis alle Emotionen, die dich belasten und blockieren, entfernt sind und du dich völlig frei und rein fühlst. Nun merkst du plötzlich, dass du in einem weißen Licht erstrahlst und dich absolut sauber, rein, befreit und gelöst fühlst.

Wenn du so weit bist, dann gehe den Weg wieder zurück bis zum Tor. Schreite hindurch, gehe die drei Stufen nach oben und öffne deine Augen. Du bist jetzt wieder ganz im Hier und Jetzt.

Könnt ihr fühlen, wie aller Ballast abgefallen ist? Ist es nicht wunderbar, sich so frei und rein zu fühlen? Es gibt natürlich noch viele weitere Übungen, mit deren Hilfe ihr euch reinigen könnt. Welche Übung ihr bevorzugt, ist eigentlich egal. Wichtig ist nur, dass ihr eine davon regelmäßig durchführt und darauf achtet, dass ihr selbst nicht zu kurz kommt, damit ihr als »Mittler« fungieren, eure Lebensaufgabe finden und auch erfolgreich ausführen könnt.

Erden - Werde ein Baum

Ihr habt euch sicherlich schon gefragt, was es mit diesem »Erden« eigentlich auf sich hat. Erden bedeutet, seine Wurzeln zu finden und sich mit »Mutter Erde« zu verbinden. Warum ihr das tun sollt? Ganz einfach: Damit ihr weder abhebt und den Halt bzw. die Haftung zur Realität verliert noch am Ende völlig ausgelaugt und erschöpft seid. Wenn ihr mit Mutter Erde oder Vater Kosmos verbunden seid, werden euch auch deren Energien zur Verfügung stehen, sodass ihr energiegeladen und voller Kraft seid.
Wenn ihr mit Tieren, mit Engeln oder anderen Wesenheiten kommunizieren möchtet, dann solltet ihr unbedingt geerdet sein. Außerdem hilft euch diese Übung, wenn ihr sie regelmäßig macht, in eurer Mitte zu bleiben, im Gleichgewicht und zentriert.

Es gibt so vieles, das euch unterstützen, euch helfen und auch weiterbringen könnte, ihr müsst es nur ausprobieren. Wenn ihr die folgende Übung zu einem morgendlichen Ritual macht, dann werdet ihr gut gewappnet in den Tag starten. Ihr werdet in eurer Mitte sein, standhaft bleiben und nicht aus dem Gleichgewicht geraten. Ihr werdet euch fühlen wie der große Baum in unserem Garten. Probiert es einfach aus!

Meditation: Erdung

Schließe deine Augen, und atme ruhig und tief ein und wieder aus. Ein und wieder aus. Stell dir nun vor, wie Wurzeln aus deinen Fußsohlen wachsen. Fühle, wie sie durch den Boden hindurch immer weiter nach unten dringen, tief in die Erde hinein. Du fühlst jetzt die lockere Erdschicht und dringst immer weiter in das Erdreich vor. Durch den Sand, den Lehm, so weit nach unten, bis du am Mittelpunkt der Erde angekommen bist.
Du spürst, dass deine Beine immer fester auf dem Boden stehen, nichts könnte sie bewegen. Sie werden fester und immer fester, nichts könnte dich aus dem Gleichgewicht bringen. Jedes Mal, wenn du einatmest, ziehst du die Energie von Mutter Erde in deinen Körper herauf. Du merkst, wie die Energieströme durch deine Wurzeln immer weiter nach oben fließen und über deine Fußsohlen in deinen Körper eindringen. Sie wandern durch deine Beine nach oben, in deinen Bauchraum, deinen Oberkörper, deine Arme und deinen Kopf. Jede Zelle deines Körpers nimmt jetzt diese Energien von Mutter Erde auf. Mach das so lange, bis du völlig im Gleichgewicht mit dir bist.

Jetzt spürst du, wie aus deinen Armen Äste sprießen und immer höher und höher in den Himmel wachsen. Sie wachsen und wachsen, bis sie das Himmelszelt erreichen. Du nimmst jetzt mit jedem Atemzug kosmische Energien in dich auf, die über die Äste in deine Arme strömen, und weiter in deinen Brustraum, in deinen Bauch, bis hinunter zu den Zehen. Jede Zelle deines Körpers wird jetzt mit kosmischen Energien gefüllt, und du merkst, wie du immer kräftiger wirst und vor Energie nur so strotzt. Bleibe so lange in dieser Vorstellung, bis wirklich die allerletzte Zelle deines Körpers vollständig von dieser Energie ausgefüllt ist. Du fühlst dich nun stabil, geerdet und zentriert.

Wenn du genug Energien aufgenommen hast, ziehe deine Äste langsam wieder zurück, und auch deine Wurzeln wandern langsam, Schicht für Schicht, bis hinauf zu deinen Fußsohlen. Du bist nun völlig geerdet und zentriert, absolut in deiner Mitte. Wenn du dieses Gefühl völlig verinnerlicht hast, öffne deine Augen und komm wieder ganz im Hier und Jetzt an.

Konntet ihr die Wurzeln gut spüren? Sollte es euch schwergefallen sein, die Wurzeln in den Boden eindringen zu lassen, dann wird es höchste Zeit, diese Übung regelmäßig auszuführen, denn das könnte ein Zeichen dafür sein, dass ihr nicht verwurzelt seid. Ein weiteres Anzeichen wäre, dass ihr dazu neigt, abzuheben, nicht in eurer Mitte zu sein oder unter Stimmungsschwankungen zu leiden. Wie ich schon sagte: Wendet diese Übung täglich an, und ihr werdet stabil und fest werden wie ein Baum.

Den eigenen Energiekörper schützen

Egal, ob ihr mit uns Tieren, mit Engeln oder mit anderen Wesen kommuniziert: Bittet immer um ausreichenden Schutz für euch selbst!
Wo Licht ist, gibt es auch Schatten, Hell und Dunkel, Gut und Böse – und auch dementsprechende Bilder, Eindrücke, Emotionen, auf die ihr vielleicht nicht vorbereitet seid.
Wenn ihr mit euren eigenen Tieren sprecht und euch nicht dabei schützt, dann ist das nicht so schlimm, aber grundsätzlich solltet ihr eure Schutzübungen als tägliches Ritual in euren Tagesablauf einbauen, damit sie euch in Fleisch und Blut übergehen und ihr sie nicht wieder vergesst. Auch wir Tiere möchten vor starken Emotionen oder auch anderen Dingen, die euch umgeben und die ihr selbst vielleicht gar nicht wahrnehmen könnt, geschützt werden. Ich will hier ganz bestimmt keine Ängste schüren, wirklich, aber letztlich dient es nur zum Besten.

Wenn ihr mit einem fremden Tier sprechen wollt, könnt ihr nie wissen, was euch konkret erwartet, welche Gegebenheiten in seinem Zuhause anzutreffen sind oder welche Gefühle es in sich trägt. Ihr könnt mit Emotionen konfrontiert werden, die so heftig sind, dass ihr sie tagelang nicht mehr vergessen könnt und sie euch noch ewig beschäftigen. Beate hatte einmal ein Gespräch, das sehr traurig war, weil sich das Tier von seinen Menschen nicht geliebt fühlte und kurz danach eingeschläfert werden sollte. Es herrschte eine solche Trauer, dass Beate zu diesem Zeitpunkt noch gar nicht damit umgehen konnte – zumal sie mit ihren Schutzritualen noch nicht vertraut war. Wochenlang ging es Beate danach nicht gut, und wenn sie nur daran dachte, musste sie weinen.

Ihr müsst jetzt keine Angst haben, auf irgendeine Weise »besetzt« zu werden, nein, so meine ich das nicht. Es geht schlicht um eure Aura, euer Ich, das geschützt werden sollte. Es gibt nichts, wovor man sich grundsätzlich fürchten müsste, nur manche Energien, die man einfach nicht wirklich haben will. Sollte es aber doch einmal vorkommen, dass euch etwas belastet, was euch fremd erscheint, so bittet einfach Erzengel Michael, alles abzutrennen, was nicht zu euch gehört, alles zu entfernen, was euch belastet und blockiert. Ihr werdet euch sofort besser fühlen, versprochen. Zu Beginn, wenn ihr zum ersten Mal mit solchen negativen Energien konfrontiert werdet, wird es euch wahrscheinlich noch gar nicht auffallen, ihr könnt es aber recht eindeutig an unerklärlichen und plötzlich auftretenden Kopf- und Nackenschmerzen oder auch an seltsamen Stirnkopfschmerzen erkennen, die einfach nicht verschwinden wollen. Auch werdet ihr das Gefühl haben, irgendwie gereizt, ärgerlich, müde oder auch wütend zu sein, oftmals ohne einen bestimmten Grund, einfach so, als wäret ihr einfach nicht ihr selbst. Je länger ihr aber auf dieser Ebene arbeitet und euch intensiv damit auseinandersetzt, umso feinfühliger werdet ihr. Und je mehr sich eure Schwingungen erhöhen, desto sensibler werdet ihr für solche negativen, niederen Energien.

Und wie ich schon sagte: Die Möglichkeiten, sich zu schützen, sind unzählig. Ihr könnt zu jeder Zeit euch nahestehende verstorbene Verwandte, einen himmlischen Vater oder eine himmlische Mutter oder die Engel um Schutz bitten. Ihr könnt euch einen schützenden Lichtkreis vorstellen, ein Gebet sprechen oder eure Krafttiere motivieren – und was euch sonst noch einfällt.
In der folgenden Übung werde ich euch euren persönlichen Beschützer vorstellen. Wenn ihr ihn nicht sofort sehen könnt, dann seid nicht traurig, denn zumindest werdet ihr ihn spüren können. Irgendwann, wenn die Zeit dafür reif ist, wird er sich euch in jedem Fall zeigen.

Meditation:
Den eigenen Energiekörper schützen

Schließe deine Augen und atme tief ein und wieder aus. Folge deinem Atem, den du ganz locker fließen lässt, ohne ihn zu beeinflussen. Beobachte, wie sich dein Brustkorb hebt und wieder senkt. Spüre, wie die Wurzeln aus deinen Füßen wachsen und tief in die Erde eindringen.

Lege nun deine Hände auf den Solarplexus, das Energiezentrum, das sich unterhalb deines Brustkorbes befindet, und atme tief ein und wieder aus. Fühle ganz tief in dein Herz hinein und spüre die Liebe und die Freude, die dort sind. Registriere, welche Gefühle in dir hochkommen und wie du immer ruhiger und ruhiger wirst. Du bist erfüllt von Liebe und Freude, denn du bist nun ganz mit deinem Innersten verbunden.
Wie sieht es dort, in deinem Innersten, aus? Wie fühlt es sich an? Ist es eine Farbe, eine Stimmung, eine Landschaft? Fühle ganz tief in dich hinein, denn erst, wenn das Bild stimmig ist, hast du dein Innerstes, das es zu schützen gilt, gefunden. Wenn du es richtig spüren und fühlen kannst, dann rufe deinen Wächter, jemanden, der bereit ist, dein Innerstes zu beschützen.
Was fühlst du? Wen siehst du? Wer zeigt sich dir? Wie sieht er oder es aus? Wenn du dir nicht sicher bist, ob dies nun dein Wächter oder Beschützer ist, dann frage einfach nach. Wenn du eine Zustimmung erfährst und mit deinem Wächter einverstanden bist, dann präge ihn dir ganz genau ein, denn ab heute wird er für immer dein persönlicher Beschützer sein. Präge dir auch dieses Gefühl gut ein und realisiere, dass dir mit diesem Wächter an deiner Seite nichts mehr passieren kann.

Bedanke dich nun bei deinem Wächter für seine Hilfe und komm dann langsam wieder zurück. Öffne deine Augen und sei wieder ganz im Hier und Jetzt.

Bestimmt konntet ihr eine wunderschöne Erfahrung machen – und habt vielleicht sogar euren Beschützer gefunden? Wenn nicht, ist das, wie gesagt, nicht schlimm, da ihr ja jederzeit Gott, die Engel oder andere geistige Helfer um Beistand bitten könnt. Denkt immer daran: »Wenn ihr darum bittet, wird euch Hilfe zuteil.«

Meditieren – Gedanken wegschicken

Beim Meditieren geht es nun um das, was vielen Menschen am schwersten fällt: einfach nur einmal ganz still bei sich, im eigenen Inneren zu sein. Ihr könnt Meditationen täglich ausführen und sie werden euch dabei helfen, auf jeden Fall ruhiger im Geist zu werden.

Die Meditation ist eine Möglichkeit, Körper und Geist in eine erholsame Schwingung zu bringen. Auch für uns Tiere ist es sehr schön, wenn ihr entspannende Musik einlegt, eure Gedanken zur Ruhe kommen lasst und damit für eine gute Stimmung sorgt. Wenn ihr meditiert, werden durch die gesamte Atmosphäre nicht nur eure, sondern auch unsere Energiedepots wieder aufgeladen .

Die Frage, ob sich Meditationen positiv auf den Verlauf von Tiergesprächen auswirken, kann man klar mit Ja beantworten. Das bedeutet aber nicht, dass Menschen, die niemals meditieren, nicht mit Tieren sprechen können. Habt also keine Angst, wenn ihr noch keine Erfahrung mit Meditationen gemacht habt. Viele Menschen, die Beates Seminare besuchen, haben vorher noch nie meditiert, und trotzdem war es ihnen möglich, mit uns Kontakt aufzunehmen, uns zu hören und die Bilder zu sehen, die wir ihnen vermittelten. Durch das Meditieren erhöht sich allerdings euer Schwingungsfeld, ihr werdet empfänglicher, feinfühliger und eher in der Lage sein, eure Aura zu stärken und zu reinigen.

Meditationen dienen dem körperlichen und geistigen Wohl und beeinflussen euer ganzes Befinden zum Positiven. Sie stärken euch und helfen euch dabei, Entscheidungen zu treffen oder Antworten zu finden, Kraft zu tanken und innerlich ruhiger zu werden, eure Intuition zu spüren und ihr zu folgen, um Stabilität zu erlangen. Sie erfüllen euren Körper mit Kraft und schenken neue Energien, die man vor allem dann schöpfen sollte, wenn man sich müde und ausgelaugt fühlt. Sie erhöhen im Laufe der Zeit die eigenen Schwingungen, was wiederum dazu führt, dass euer Geist alles besser und klarer aufnimmt. Wenn ihr vor einem Gespräch mit einem Tier meditiert, werdet ihr eure Wahrnehmung in jedem Fall verbessern, denn der Kanal der Kommunikation

öffnet sich vollständig, sodass es euch leichter fallen wird, klare Antworten zu bekommen. Wenn ihr täglich nur fünf bis zehn Minuten meditiert, dann erhöhen sich eure Schwingungen und Wahrnehmungsfähigkeiten sowie eure Sensitivität immens.
Meditationen sind nicht anstrengend oder stupide, sondern einfach nur eine Hilfe dabei, die eigenen Schwingungsfrequenzen zu erhöhen, Energie und Kraft zu tanken und die eigenen Sinne in allen Bereichen vollständig auszuweiten und zu schärfen. Wenn ihr regelmäßig übt, wird eine Meditation direkt vor einem Tiergespräch nicht mehr nötig sein, weil ihr euch spontan auf eine höhere Frequenz einstellen könnt.

Mein Wunsch wäre ja, dass ihr alle Hilfsmittel, die dazu beitragen, eure Unsicherheiten und Zweifel zu beseitigen, in Anspruch nehmt, und die Meditation ist eines davon.

Entspannungsmeditation

Lege dich ganz bequem hin und schließe deine Augen. Atme ruhig ein und wieder aus. Ein und wieder aus. Mit jeder Ausatmung spürst du, wie dein Körper immer fester auf dem Boden liegt. Du entspannst dich und beginnst damit am Kopf, indem du dir vorstellst, wie die Muskeln um deine Augen, deine Nase und deinen Mund immer lockerer werden. Nun entspannt sich auch dein Kinn, und mit jeder Ausatmung merkst du, wie dein Kopf und dein Gesicht immer gelöster werden.

Nun entkrampfen sich auch deine Schultern. Du spürst, wie die Last des Tages von ihnen abfällt, und sie ganz locker werden. Auch deine Arme liegen entspannt neben deinem Körper. Dein Brustkorb hebt und senkt sich, deine Lunge und dein Herz können sich nun ebenfalls entspannen. Mit jedem Atemzug wirst du immer ruhiger. Diese Gefühl breitet sich nun bis in den Bauchraum aus. Auch deine Bauchdecke und dein Becken fühlen sich jetzt locker und entspannt an, und das angenehme Gefühl ergreift nun auch von deinen Beinen und Füßen Besitz.
Du befindest dich jetzt in einem Zustand der absoluten Erholung, bist ruhig und leicht.

Jetzt möchtest du auch im Geist frei werden und lässt deine Gedanken kommen und wieder gehen. Sie sind einfach nicht mehr wichtig, haben keinerlei Bedeutung für dich. Du gehst nun in ein Zimmer, das vollkommen in Weiß gehalten ist. Es hat ein Fenster und eine Tür, sonst ist der Raum absolut leer. Nur du und deine Gedanken sind hier, aber die sind ja absolut nicht wichtig. Mit jeder Ausatmung schickst du nun einen Gedanken aus der Tür oder aus dem Fenster hinaus. Du bläst ihn hinaus oder verpackst ihn, oder du bittest ihn einfach zu gehen, weil jetzt der Zustand der absoluten Ruhe und Stille eintreten soll. Mit jeder Ausatmung werden deine Gedanken weniger, bis schließlich dein Kopf frei von jeglichem Gefühl oder Gedanken ist. Du bist jetzt in einem Zustand der absoluten Erholung und Ruhe. Genieße nun den Augenblick der Stille.

Sollte sich zwischendurch doch noch ein Gedanke melden, schicke auch ihn hinaus und sage ihm, dass du nun absolute Ruhe und Stille brauchst. Bitte ihn, zu gehen und nicht mehr wiederzukommen. Und dann werde wieder ganz ruhig.
Wenn du genügend Ruhe getankt hast, nimmst du langsam wieder deine Umgebung wahr, deinen Körper und auch deinen Geist. Wenn du dazu bereit bist, öffne langsam deine Augen. Du bist jetzt wieder ganz im Hier und Jetzt und fühlst dich vollkommen ausgeruht und entspannt.

Na, hat sich auch euer Geist von allen unwichtigen Dingen des Lebens befreit? Und seid ihr jetzt total ruhig und eins mit euch selbst? Dann wäre jetzt der perfekte Moment, um ein Tiergespräch zu beginnen. Da wir aber noch nicht so weit sind, werden wir noch ein wenig mehr darüber erfahren, wie man die eigenen Gedanken ausschalten kann. Die folgende Übung, die ich ganz lustig finde, ist nicht ganz einfach und der eine oder andere von euch wird bestimmt glauben, dass das gar nicht funktionieren kann. Aber glaubt mir nur, es geht!

Nichts denken

Diese Übung beginnt damit, dass du eine Kerze entzündest. Atme nun ganz tief ein und wieder aus und konzentriere dich dabei nur auf diese eine Kerze. Die Gedanken, die vielleicht noch in deinem Kopf herumschwirren, bremst du einfach aus, indem du dich voll und ganz auf die Flamme konzentrierst und dir permanent das Wort »Kerze« vorsagst.

Kerze - Kerze - Kerze

Wenn du tatsächlich nur noch dieses eine Wort in deinem Kopf hast, dann lasse auch dieses Wort einfach weg. Es sind vielleicht nur ein paar Sekunden, in denen dein Geist völlig leer ist, aber du wirst diesen kurzen Augenblick der absoluten Stille wahrnehmen können. Je öfter du diese Übung machst, desto länger werden auch diese Momente werden, in denen du an »nichts« mehr denkst.
Und an wirklich gar nichts mehr zu denken, kann wirklich super erholsam sein.

Was noch wichtig ist

Vieles habe ich euch nun schon erzählt über die Stille, die Erdung, den Schutz und die energetische Reinigung. Jetzt ist es an der Zeit, dass wir einen Schritt weiter gehen.

Zunächst möchte ich euch noch einmal an die Verantwortung erinnern, die ihr auf euch nehmt, wenn ihr mit uns in Kontakt tretet. Es geht darum, die Ursachen für Probleme zu finden, die durch unser Zusammenleben entstehen können, gemeinsam nach Lösungen zu suchen und somit für ein besseres Miteinander zu sorgen. Bitte vergesst das nie!

Ethik ist ein weiterer wichtiger Punkt, den ich nochmal ins Gedächtnis rufen will. Dazu gehört, dass ihr immer erst um Erlaubnis bittet, bevor ihr mit uns sprecht. Wenn euch die Besitzer sagen, dass sie nicht möchten, dass ihr mit ihrem Tier kommuniziert, dann macht das bitte auch nicht. Denkt an eure Verantwortung. Was würde sich für das Tier ändern, wenn es Wünsche aussprechen würde, die eh auf taube Ohren stoßen? Was würdet ihr tun, wenn das Tier tatsächlich Hilfe bräuchte? Was könntet ihr erreichen? Darum holt euch immer die Erlaubnis ein und respektiert die Wünsche von Mensch und Tier.

Wie fange ich an?

Nehmt einfach ein Bild des Tieres, mit dem ihr in Kontakt treten wollt, und schaut es euch genau an. Stellt euch nun eine Brücke zwischen euch und diesem Tier vor, und schickt ihm ganz viel Liebe. Dann nehmt etwas zu schreiben zur Hand und notiert eure erste Frage. Unmittelbar darauf werdet ihr einen Gedanken, ein Bild oder ein Gefühl in euch haben, das ihr sofort aufschreiben solltet.
Denkt über die empfangenen Eindrücke nicht nach, wertet sie nicht, sondern schreibt einfach nur auf. Seid euch sicher, dass es nicht eure Gedanken sind, sondern die des Tieres, mit dem ihr gerade sprecht. Eventuell fällt es euch leichter, wenn ihr beim ersten Mal mit einem Tier kommuniziert, das ihr noch nicht so gut kennt. Dann kann euch nicht der Gedanke kommen, dass ihr von diesem Tier ja eh schon alles wisst. Da es beim ersten Gespräch vielleicht noch nicht so leicht ist, konkrete Fragen parat zu haben, habe ich hier ein paar zusammengestellt. Solche Grundsatzfragen helfen auch dabei, sicherer zu werden und ein Gefühl dafür zu bekommen, wie sich »richtige«, das heißt vom Tier stammende, Antworten anfühlen.

1. Wie geht es dir?
2. Wie fühlst du dich?
3. Was frisst du am liebsten?
4. Hast du eine Erkrankung?
5. Wo ist dein Lieblingsplatz?
6. Was spielst du am liebsten?
7. Gibt es etwas, was du erzählen möchtest?
8. Wie bist du so?
9. Magst du über dich erzählen?
10. Möchtest du deinen Menschen etwas ausrichten?

Wenn ihr öfter mit uns sprecht, werden euch bestimmte Fragen immer wieder begegnen. Alltägliche Dinge und manchmal auch solche, über die man sonst nicht so offen spricht.

Können Tiere Farben sehen?

Manchmal werden wir gefragt, ob wir Farben sehen können. Natürlich können wir das. Es wird zwar immer wieder behauptet, Katzen könnten nur schwarz/weiß oder grau sehen, und dass auch für andere Tierarten das Farbspektrum, so wie ihr es kennt, begrenzt sei. Nach eurer, rein wissenschaftlichen Sicht der Dinge mag das stimmen, vor allem für engstirnige Menschen, für die spirituelle Dinge nur Unfug sind. Rein geistig gesehen sind die Ebenen der Wahrnehmung aber verschieden – und welcher dieser Menschen hat wohl schon einmal durch die Augen eines Tieres gesehen?

Ich kann sehr wohl Rot von Blau unterscheiden. Es ist einfach so. Ich erkenne meine blau-karierte Decke, und ich erzähle den Leuten davon. Woher sollten diese Menschen, die noch nie bei mir zu Hause waren und mich vorher noch nie gesehen haben, wissen, dass ich gerne auf meiner blau-karierten Decke liege? Wie sollte ich solche Details übermitteln, wenn ich keine Farbe sehen könnte? Ich erzähle auch von dem Futter mit dem gelben Ring und dem Loch in der Mitte, das ich so gerne mag, oder schicke ein Bild von meinem gelb-schwarzen Mantel, den ich im Übrigen sehr doof finde ...

Lest einmal das Gespräch zwischen Beate und der Katze Tira:

Können deine Menschen etwas für dich tun?
Für mich?

Ja, nur für dich.
Ja, ich wünsche mir, dass ich öfter Hähnchen bekomme, und ich hätte gerne eine rote Decke.

Eine rote Decke?
Ja, ich finde die Farbe so schön.

Glaubt mir, Beate musste sehr lachen, als ihr nach diesem Gespräch ein Foto zugeschickt wurde, auf dem Tira auf ihrer roten Decke liegt.

Ein anderes Mal hatte Beate mit einer Katze gesprochen, die zu Hause immer in den Keller machte. Das Haus war neu, und die Besitzer dieser Katze waren natürlich nicht unbedingt begeistert. Auf die Frage, warum sie das denn tun würde, antwortete die Katze: »Ich mag das blaue Klo nicht, ich möchte eine lila Kiste.«
Auch wenn sich das für den einen oder anderen abgedreht anhört – seitdem sie ihr lila Katzenklo hat, macht sie nicht mehr in den Keller!

Ist das nicht wunderbar? Probleme, die sich plötzlich in Luft auflösen, indem man einfach ein andersfarbiges Katzenklo anschafft? Wie mag es Tieren gehen, die bei Menschen leben, die so etwas nicht annehmen können oder erst gar nicht auf den Gedanken kämen, ein Problem zu lösen, indem sie mit ihrem Tier sprechen? Aber was ist denn schon dabei? Was kostet es schon? Einen Augenblick des genauen Zuhörens, sonst nichts. Und die Belohnung kann so unendlich groß sein ...

Manchem von euch werden meine Worte vielleicht auch ein klein wenig Angst machen, weil sie immer noch nicht glauben können, dass wir so »gestrickt« sind. Denn in den Augen mancher Menschen sind wir ja »nur« Tiere oder gar nur ein Gegenstand.
Die Vorstellungskraft ist eben bei einigen schlicht und ergreifend noch sehr begrenzt. Es würde vielleicht schon sehr helfen, die Scheuklappen abzunehmen und offen zu werden für das gesamte Spektrum, das viel größer ist, als ihr es euch überhaupt vorstellen könnt.
Ich gebe zu, dass es schon einer gehörigen Portion Mut und auch Demut bedarf, seinem Tier Intelligenz zuzugestehen. Beate jedenfalls ist so jemand, und ich bin sehr stolz auf sie.

Kann mein Tier Beweise liefern, dass wir wirklich miteinander verbunden sind?

Diese Frage ist schnell und einfach beantwortet: Ja, wir können es! Freut euch aber nicht zu früh, denn in der Regel werden das die jeweiligen Tiere nicht wirklich gut finden. Wie oft hat mich Beate schon gefragt, ob ich ihr einen handfesten Beweis liefern kann, und ich habe mir dabei immer nur gedacht: »Was brauchst du jetzt einen Beweis von mir – von anderen Tieren willst du den doch auch nicht!« Nach den Gesprächen mit anderen Tieren bekommt sie ja ohnehin eine Rückmeldung von den jeweiligen Besitzern. Reichen ihr diese Antworten nicht aus, um ein bisschen mehr Selbstvertrauen zu bekommen? Und seitdem wir dieses Buch zusammen schreiben, erhält sie so quasi nebenher noch einen weiteren wichtigen Beweis. Denn anders als bei unseren normalen Gesprächen, die wir sonst führen, schlafe ich jetzt nicht. Nein, ich bin ganz konzentriert, ich habe meine Augen weit offen und bewege mich nicht. Ich schaue ihr tief in die Augen, damit sie spürt, dass wir miteinander verbunden sind. Und was soll ich euch sagen: Ihre immer wiederkehrenden Zweifel sind nicht mehr da!

Wenn ihr aber so etwas in der Art fragt wie: »Falls du mich verstehst, hole jetzt deinen Knochen!«, aber nichts passiert, seid bitte nicht enttäuscht. Vielleicht liegen wir gerade so besonders bequem und tun es deshalb nicht, weil wir zu faul sind, uns zu bewegen.

Im Ernst: Der eigentliche Grund, warum wir in solchen Fällen nur selten den Clown für euch spielen, ist ein ganz anderer. Bei der Kommunikation mit uns handelt es sich ja um eine »Herz-zu-Herz-Verbindung«! Wie aber sollte die funktionieren bzw. hergestellt werden, wenn ihr einfach kein Vertrauen habt? Ihr müsst einfach mit eurem Herzen glauben und nicht mit Eurem Verstand – und das auch ohne handfeste Beweise!

Der Mann, der bei uns wohnt, zweifelte zu Beginn auch vieles an. Doch wie verblüfft war er, als eine Dame aus Hamburg, die während eines Tierforums ein Übungsgespräch mit Icaré führte, von einem Stein in seinem rechtem Huf erzählte – und dieser Stein dann tatsächlich da war. Ein anderer Mann, der einmal ein paar Tage auf mich aufpassen sollte, als meine Lieben wegfahren wollten, war ebenfalls sehr erstaunt, als Beate ihm vorher erklärte, ich würde lieber spazieren gehen als nur im Wald herumzusitzen. Was denkt ihr, wie der geguckt hat? Beim letzten Mal hatte er mich nämlich einfach an einem Baum festgebunden und dann ein wenig nach dem Rechten geschaut, anstatt mit mir zu laufen. Natürlich wollte er sofort wissen, woher sie das so genau wusste. Und Beate meinte nur: »Felina hat es mir gesagt!«

Eine andere Frau erzählte Beate nach einem »Fern-Gespräch« mit deren Katze, dass diese während des Gespräches mit ihr wie angewurzelt auf dem Rasen gesessen und ihre Ohren ständig in alle Richtungen bewegt habe, als wolle sie auskundschaften, *wer* da eigentlich mit ihr spreche. Die Frau war total fasziniert.

Glaubt bitte nicht, solche Phänomene seien normal. Manchmal werdet ihr allerdings darüber, was wir tun, während wir mit euch sprechen, sehr erstaunt sein. Es liegt wohl daran, dass diese Art der Kommunikation auf einer anderen Ebene stattfindet. Oft wird Beate gefragt, ob Tiere immer Reaktionen zeigen, und ich kann euch verstehen, dass ihr das gerne so hättet. Aber nein, es ist natürlich nicht so. Vor allem, wenn ihr mit euren eigenen Tieren sprecht, passiert oft gar nichts Außergewöhnliches und sie verhalten sich wie immer. Lasst euch davon aber nicht verunsichern, die Telepathie zwischen euch funktioniert trotzdem. Ich kann schlafen, mich kratzen – und zugleich mit euch sprechen. Ihr könnt ja schließlich auch telefonieren und nebenher noch was anderes tun, oder nicht?

Natürlich versuchen wir, auch Menschen, die nicht glauben wollen, dass die Tierkommunikation funktioniert, einen Beweis zu liefern. Nicht immer wissen diese Zeitgenossen das dann aber auch zu schätzen, beachten das Phänomen erst gar nicht oder erkennen es nicht als solches an. Ich persönlich finde das sehr schade.

Ein Pferd, dessen Besitzer Beate nicht kannte, sagte einmal zu ihr: »Mein Menschenfreund glaubt das sowieso nicht.« Beate bat das Pferd dann um einen Beweis, damit ihm sein Mensch doch noch glauben würde. Das Pferd gab zur Antwort, dass sie ihm – obwohl er es auch dann nicht glauben würde – dennoch sagen solle, sein Bart stehe ihm gar nicht.

Einige Zeit, nachdem Beate diese Botschaft weitergegeben hatte, rief die Freundin des Pferdebesitzers an und sagte zu ihr: »Na ja, einen richtigen Beweis hat das Gespräch ja nicht erbracht.« Darauf fragte Beate sie, ob ihr Freund denn tatsächlich einen Bart trüge. Worauf die Dame meinte: »Ja, aber ohne Bart ist er auch nicht schöner.«

Nun ja, was soll man dazu noch sagen …

Wie ich den Menschen helfe

Meine Aufgabe in diesem Leben ist eine ganz besondere: Wenn Beate ihre Seminare abhält, bin ich immer mit dabei – meist allerdings nur geistig anwesend, weil Beate denkt, es sei zu anstrengend für mich, den ganzen Tag bei einem Seminar nur herumzusitzen. Sicher könnte es anstrengend sein, aber ich würde es schon aushalten. Wenn die Seminare jedoch bei uns in der Nähe sind, dann darf ich mit.
Es gefällt mir sehr, im Mittelpunkt zu stehen und bei den Gesprächen mit Tieren anwesend zu sein. Ich verhalte mich dann auch so, dass die Menschen es sehen, wenn ich mit ihnen spreche. Ich schaue sie dann die ganze Zeit an, während ich auf ihre Fragen antworte. Bin ich allerdings nicht dabei, dann führt Beate ihr erstes Gespräch immer mit mir. Ich erzähle ihr dann, wer von den anwesenden Seminarteilnehmern Probleme hat und wie man diese lösen könnte. Solch eine Zusammenarbeit finde ich wunderbar, es ist einfach schön und ich habe das Gefühl, etwas wirklich Wichtiges zu tun. Beate nimmt die Menschen, die Schwierigkeiten haben, dann zur Seite und führt gemeinsam mit ihnen ein Gespräch mit mir. Und wisst ihr, was mich dabei oft total erstaunt? Ihr Menschen habt die Ant-

worten immer schon im Kopf, doch erst, wenn Beate sagt: »Komm, schreib es auf, Felina sagt es doch schon zu dir«, dann ist der Knoten geplatzt. Auf einmal schreiben sie alles auf, was ich ihnen übermittle, und sind hinterher oft sehr verblüfft darüber, wie gut sie doch waren, wie genau die Antworten sind und dass sie auch der Wahrheit entsprechen. Die Gespräche mit den anderen Tieren gelingen danach meist auch.

Für mich persönlich sind das sehr freudige Momente im Leben, Momente, die ich wirklich sehr genieße, weil sie mir so viel Glück bringen. Denn wie ich schon sagte, ich bin nicht mehr die Jüngste, obwohl ich mich nicht alt fühle, aber ich kann körperlich nicht mehr alles tun, was ich mir wünschen würde. Umso mehr freut es mich, wenn ich auf spirituelle Weise Gutes tun kann. Ich finde es so wichtig, dass ihr Menschen die Kommunikation mit uns Tieren zulasst, dass ihr sie pflegt und praktiziert. So viel Gutes könntet ihr tun, und so viel Gutes würde euch widerfahren. Na ja, ich sehe mich ein klein wenig als Lehrerin und Helferin, und bin glücklich über diese wichtige Aufgabe. Ich danke euch sehr, dass ihr mich meine Aufgabe ausführen lasst, und dir, meiner lieben Beate, danke ich für dein Vertrauen in mich.

»Ich danke dir, mein Herz, für deine großartige Hilfe. Du löst die Blockaden und hilfst den Menschen, ihre Ängste zu vergessen. Mit deinem offenen Wesen öffnest du alle Kanäle. Ich danke dir.«

Welche Aufgaben erfüllen die Tiere bei ihren Menschen?

Viele von uns haben in ihren Familien bestimmte Aufgaben zu erfüllen. Wenn Menschen nicht besonders spirituell veranlagt sind bzw. sich für gewöhnlich nicht mit solchen Dingen beschäftigen, fällt ihnen das zumeist gar nicht auf. Erst wenn ihr Liebling verstorben ist, wird ihnen plötzlich bewusst, wie viel sie von ihm gelernt haben. Natürlich gibt es auch Menschen, die es auch dann immer noch nicht erkennen. Wir Tiere versuchen aber dennoch, unseren Teil dazu beizutragen. Ob ihr es nun merkt oder nicht, spielt dabei nur eine untergeordnete Rolle.
So kann es sein, dass eine Katze oder ein Hund die Aufgabe zu erfüllen hat, auf seine Besitzer aufzupassen. Vielleicht hat ein Tier auch die Aufgabe, als Tröster da zu sein, weil es viel Kummer und Leid in der Familie gibt. In der Regel sind das dann meist sehr drollige und lustige Tiere, die es einfach faustdick hinter den Ohren haben. Beate würde wohl »Lauser« zu ihnen sagen. Vielleicht hat ja eurer Tier die Aufgabe, Liebe zu verbreiten oder das Bewusstsein für die Tierwelt an sich zu erweitern. Auf diese Weise wird jedes Lebewesen zu einem Bindeglied in der Kette des Lebens – jedes für sich, und doch auch

irgendwie alle gemeinsam. In der Familie, in der ich lebe, hat auch jeder seine Aufgabe, und viele davon haben zum Ziel, Menschen zu helfen bzw. den Umgang zwischen Mensch und Tier zu verbessern.

Zu unserer Familie gehört auch immer noch Fijack, mein lieber verstorbener Freund, der immer hilft und befragt wird, wenn es um verstorbene oder vermisste Tiere geht. Er ist Beates spiritueller Helfer, der ihr mitteilt, ob ein verschwundenes Tier noch lebt oder schon bei ihm, im Regenbogenland, ist. Er fungiert quasi als Vermittler, wenn Beate mit einer verstorbenen Seele Kontakt aufnehmen möchte, erfüllt seine Aufgabe also als Bindeglied zum Jenseits. Ihr seht, das große Miteinander endet auch mit dem Tod nicht …

Und schließlich gibt es da noch unser Pferd Icaré, den Heiler. Wie oft hat er schon dabei geholfen, wenn kein Medikament zur Behandlung einer Krankheit gefunden werden konnte oder das bisher schon angewendete Mittel keine Wirkung zeigte. Unzählige Male hat er Beate schon übermittelt, welche Pflanze oder welcher Extrakt besser helfen könnte. Das hört sich jetzt vielleicht ein wenig seltsam an, aber so war es tatsächlich!
Auch hierzu möchte ich euch eine kurze Geschichte erzählen:

In Icarés Stall hatte sich ein Pferd verletzt und einen ganz dicken, geschwollenen Fuß bekommen. Es wurde vieles ausprobiert, und nichts konnte zur Besserung beitragen. Beate fragte schließlich Icaré, was denn helfen könnte, und er meinte wie aus der Pistole geschossen: »Beinwell!«. Beate gab diesen Tipp sofort weiter, aber man sagte ihr, dass diese Pflanze in dieser Gegend nicht wachsen würde. Icaré aber widersprach sofort und beschrieb sogar die genaue Stelle, an der die Pflanze wuchs. Und was soll ich sagen – genau an dieser Stelle wurde die Pflanze auch gefunden! Und als man dann mit den Blättern der Pflanze Umschläge um das verletzte Bein machte, verheilte die Verletzung schon innerhalb weniger Tage ziemlich gut. Die starke Schwellung und die Lahmheit waren bald verschwunden – und Icaré hatte sich mal wieder als wunderbarer Heiler erwiesen.

Tina, eine Seminarteilnehmerin, bekam von Icaré auf die Frage, was bei Windpocken gegen den Juckreiz helfen könnte, natürlich auch eine Antwort: »Essig!«. Sie war erst sehr skeptisch, doch nachdem sie es nachgelesen hatte, war sie natürlich recht erstaunt, diese Antwort von einem »Pferd« bekommen zu haben.
Vor meinem geistigen Auge sehe ich gerade, wie ihr mit gerunzelten Augenbrauen den Kopf schüttelt – und ich habe meinen Spaß daran!

Jedes eurer Tiere hat also seine Aufgabe und freut sich sehr, wenn ihr es mit einbeziehet und ihm auch auf dieser Ebene das Gefühl gebt, dass es wichtig ist.

Vor allem aber ist es glücklich und zufrieden, wenn ihr ihm die Möglichkeit gebt, seine jeweilige Aufgabe zu erfüllen. Ich hoffe, ihr alle werdet mit der Zeit noch herausfinden, was eure Tiere einem jeden von euch beibringen wollen, oder was genau ihre spezielle Aufgabe in seiner Familie ist. Ich wünsche es mir für euch und natürlich auch für eure Tiere.

Ist es für Tiere anstrengend zu sprechen?

Wenn ein Mensch gerade erst damit begonnen hat, mit Tieren zu kommunizieren, und noch nicht so geübt darin ist, kann es manchmal schon ein bisschen anstrengend und ermüdend sein. Er hat Schwierigkeiten, die Verbindung lange zu halten und wird dadurch selbst schnell müde und unkonzentriert. Sobald die »Antennen« aber richtig eingestellt sind, wird es viel besser für uns. Meistens finden wir es sogar toll und es macht uns großen Spaß.

Mit Menschen, die schon etwas vertrauter mit spiritueller Arbeit sind, fällt es uns natürlich viel leichter, in Verbindung zu treten, weil sie sich schon auf höheren Schwingungsebenen befinden. Gebt also nicht gleich auf, wenn die Verbindung nicht sofort lange anhält und sie euch am Anfang anstrengt und auslaugt. Es bedarf einfach ein wenig Übung. Und ihr braucht auch keine Angst zu haben, dass uns dies zu sehr anstrengt oder wir gar krank werden könnten, ganz im Gegenteil: Sobald uns die Möglichkeit gegeben wird, uns mitzuteilen, findet nicht nur in eurer sondern auch in unserer Seele ein heilsamer Prozess statt.

Was bedeutet »Heilung der Seele«?

Ich weiß, dass euch diese Frage umtreibt, denn viele von euch fragen mich danach. Fragen an sich ist keinesfalls schlecht, ganz bestimmt nicht, weil man durch Fragen natürlich auch viel lernen kann. Nur sollte man vielleicht manches nicht bis ins kleinste Detail hinterfragen, sondern es einfach annehmen.

Jeder von euch hat hier auf Erden eine ganz bestimmte Aufgabe zu erfüllen bzw. etwas zu lernen. Ihr Menschen und auch wir Tiere müssen bestimmte Lektionen lernen, wobei unsere Aufgabe, wie gesagt, oft darin besteht, euch bei der Erfüllung dieser Pflichten beizustehen oder euch immer wieder auf den »richtigen« Weg zu führen.

Wenn ihr also mit uns kommuniziert, ist es für uns wesentlich einfacher, euch mitzuteilen, was im Moment in eurem Leben nicht stimmt. Wenn wir also beispielsweise Verhaltensweisen an den Tag legen, die in euren Augen Unarten sind, kann es durchaus sein, dass wir euch damit ein Zeichen geben wollen. Nicht immer präsentieren wir euch alles auf einem silbernen Tablett, und nicht immer sind die Antworten so leicht zu verstehen, wie ihr es euch wünschen würdet.

Wenn wir euch begleiten und euch immer wieder auf den für euch bestimmten Lebensweg zurückführen, dann findet damit schon eine Art Heilung statt. Wenn wir beispielsweise aus Protest an für euch unschönen Orten unser Geschäftchen verrichten, dann könnt ihr davon ausgehen, dass wir euch darauf hinweisen wollen, dass in eurem Leben etwas aus dem Ruder läuft. Wir erfüllen mit dieser Unart also nur unsere Pflicht. Ich wünsche mir, dass ihr die ganze Tragweite dessen erkennen könnt, was ich hier mitteile – dass ihr begreift, was das Spektrum des Seins, allen Lebens hier auf dieser Welt umfasst und dass euch so viele Hilfsmittel zur Verfügung stehen, so viele Helfer und Berater, die euch den wahren Weg weisen möchten. Wir, eure Tiere, sind nur ein Teil davon.

Können Tiere Krankheiten von Menschen übernehmen?

Ja und nein. Manchmal kommt es vor, dass wir die gleichen oder ähnliche Krankheitssymptome aufweisen wie ihr. Oft liegt das einfach an der tiefen Verbindung von Herz zu Herz, die wir zu euch haben und die es uns ermöglicht, euch einen gewissen Teil eures Leids abzunehmen. Bitte seid aber versichert, dass wir nicht krank werden, damit ihr gesund bleibt. Wir könnten es rein theoretisch, aber wir würden es niemals auf uns nehmen, an eurer Stelle an einer schweren Krankheit zu sterben – schon allein deshalb nicht, weil wir euch niemals eine solch immense Schuld würden auferlegen wollen. Schuldzuweisung gibt es bei uns nicht, denn ich hätte ein echtes Problem, ja es wäre wohl das Schlimmste für mich, wenn ich auf der anderen Seite wäre und mein geliebter Mensch massive Schuldgefühle wegen meines Todes hätte. Und das, weil jemand anderes dann sagen könnte: »Kein Wunder, dass dein Hund gestorben ist. Er hat einfach deine Depressionen nicht mehr ertragen.« So etwas habe ich schon gehört, man glaubt es kaum. Und da wäre ich schon wieder bei einem meiner Lieblingsthemen, Verantwortung – für euer Handeln und euer Reden. Lasst Menschen nicht mit Schuld zurück. Manch einer kann vielleicht damit umgehen, andere aber würden diese Schuldgefühle ewig mit sich herumtragen. Einem geliebten Menschen und Freund das Gefühl zu geben, er sei schuld, dass der andere nicht mehr leben könne, so etwas würden wir Tiere niemals tun. Unser Handeln oder besser gesagt unsere Seele ist da viel weiter entwickelt als die eure.

Sicher können uns unsere Familien auch krank machen. Wenn es keine Harmonie gibt und ständig Streit herrscht, dann werden auch wir krank, weil wir mit euch fühlen. Es ist wie bei euch Menschen, auch ihr könnt durch euer Umfeld krank werden. Aber dass wir krank werden, damit ihr gesund bleibt, das trifft nicht zu, denn im Grunde würde das bedeuten, dass wir uns in eure Lebensaufgabe einmischen, und das tun wir nicht. Wir fühlen mit euch und werden euch immer unterstützen, aber mehr auch nicht.

Spiegeln Tiere ihre Menschen?

In gewisser Weise kann man das so sagen, vor allem sind es eure Verhaltensauffälligkeiten, die wir euch aufzeigen. Es sind zum Beispiel Pferde oft nervös, wenn ihre Menschen gestresst und unausgeglichen sind. Da sind die ängstlichen, verhuschten Katzen, die das Misstrauen und die Angst ihrer Besitzer spiegeln. Und nicht zuletzt die bellenden Hunde, deren Halter oft ebenfalls gerne laut aber auch zutiefst unsicher sind.
Wenn euch also an eurem Tier etwas total stört, wenn es eine Eigenart hat, die euch so richtig gegen den Strich geht, solltet ihr vielleicht mal darüber nachdenken, ob ihr im Grunde nicht genau die gleiche »Macke« habt.

Was Krankheiten betrifft wäre ich da aber wieder sehr, sehr vorsichtig. Ich selbst habe meiner Beate einmal mit einer Lähmung im Fuß zu verstehen gegeben, dass sie jetzt endlich mal den nächsten Schritt gehen sollte. Sie war wie gelähmt, hatte zwar eine Menge Ideen im Kopf, machte aber nichts daraus. Es war nichts Schlimmes mit meinem Fuß, und als sie ihre Ängste endlich über Bord geworfen und Dinge in die Wege geleitet hatte, konnte ich – wie durch ein Wunder – wieder ganz normal laufen. Meines Erachtens sind es also eher kleinere Beschwerden, mit denen wir euch etwas aufzeigen wollen.

Vielleicht solltet ihr nicht immer alles verallgemeinern, das tut ihr leider viel zu oft. Auch in euren Büchern, in denen es um die Psyche der Tiere geht, werden viele von uns einfach in ein bestimmtes Schema gesteckt. Doch wir sind alle unterschiedlich, jeder von uns ist ein Individuum, sodass man mit Regeln oder allgemeinen Klassifizierungen äußerst vorsichtig sein sollte. Wenn alle gleich wären, dann könnten beispielsweise sämtliche Krankheiten nach demselben Muster behandelt und geheilt werden. Aus eigener Erfahrung aber wisst ihr, dass das nicht der Fall ist.
Im Grunde ist alles möglich oder sogar schon mal dagewesen. Glaubt nicht, dass ich alles weiß, aber ich kann euch viele Dinge sagen, die ich selbst erlebt habe und die ich noch aus früheren Leben weiß. Letztlich sollte aber jeder seine eigene Wahrheit finden.

Was Tiere mit Behinderung fühlen und wie sie darüber denken

Ich nehme das Wort »Behinderung« bewusst in den Mund, weil es ganz und gar eurer Sichtweise entspricht. Es gibt Tiere, die sind blind, taub oder haben nur drei Beine – und trotzdem leiden sie nicht. Sie finden sich einfach damit zurecht, es ist nicht weiter tragisch für sie. Was allerdings schlimm für diese Tiere ist, ist das Gefühl, nicht vollständig akzeptiert oder als »normal« angesehen zu werden. Ich weiß, ihr wollt mit eurer Anteilnahme nur »helfen«, aber das kommt nicht immer so rüber. Als minderwertig angesehen zu werden, ist nicht einfach, weswegen Tiere dann auch gerne die eine oder andere Unart entwickeln. Damit wollen sie signalisieren, dass ihr endlich aufwachen und erkennen sollt, dass euer Mitleid fehl am Platze ist. Es ist lieb gemeint, wenn ihr uns hochhebt, weil wir nicht sehen können, oder uns gegen Artgenossen verteidigt. Aber stellt euch mal einen rüstigen Kater vor, der immer Herr im Hause war. Wie würde der dieses »Bemuttern« finden? Kann man es ihm wirklich übelnehmen, wenn er aus Protest sein Katzenklo ignoriert und sich stattdessen im ganzen Haus verewigt? Und ist es nicht erstaunlich, dass er damit aufhört, sobald man ihn wieder so behandelt, als wenn er noch ganz »der alte« wäre?

Seht uns also bitte als normale, vollständige Wesen, egal wie schwer unsere Behinerung auch sein mag.

Schließt nicht von euren Gefühlen und Werten auf die unsrigen. Es kann schon sein, dass der eine oder andere von uns auch einmal in Selbstmitleid versinkt, aber oft wird das von dem erdrückendem Mitleid seiner Menschen noch verstärkt oder gar erst verursacht.

Seht uns unabhängig von unserem Körper, dann sind diese Behinderungen gar nicht mehr da.
Vielleicht könnt ihr dann nachvollziehen, warum für uns Krankheiten oft nicht so schlimm sind wie für euch. Natürlich brauchen wir eure Unterstützung und Liebe, euren Halt in traurigen Situationen, aber wir brauchen keine Beschützer und erst recht kein Mitleid. Wir sind nämlich noch wir selbst. Manchmal meint auch meine Beate, ich müsste geschont werden, ich könnte dieses oder jenes nicht mehr tun, aber ich zeige ihr dann schnell, wie gut ich noch funktioniere. Und obwohl meine Knochen eine Generalüberholung brauchen könnten, gebe ich nicht auf. Ich bin immer noch ich, völlig und ganz in Ordnung, geistig fit. So sehe ich mich.
Gebt uns Tieren immer das Gefühl, gesund zu sein, denn sonst ladet ihr euren Kummer auf uns und wir werden dadurch nur traurig und depressiv. Wir

möchten nicht, dass ihr wegen uns Kummer habt. Es wäre ein Kreislauf, der nicht mehr endet oder aus dem nur sehr schwer wieder herauszukommen ist. Wir brauchen eure positiven Gedanken und euren Glauben an uns, dass wir gleichwertig sind und keine »Invaliden.«

Tiere und der Tod

Hier kocht die Seele mit!

Vegane Küche ist alles andere als langweilig!

Schmecken Sie die ganze Vielfalt:

- Snacks
- Hauptgerichte
- Desserts
- Hausmannskost
- asiatisch
- orientalisch
- u.v.m.

Roland Rauter
einfach vegan –
Genussvoll durch den Tag
232 Seiten, Paperback
farbig, mit zahlr. Abb.
ISBN 978-3-8434-1055-7
€ 19,95

Leseprobe unter:
www.schirner.com/einfach-vegan.pdf

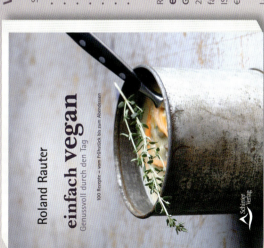

www.schirner.com

Alle Angaben werden vertraulich behandelt.
* Der Newsletter kann jederzeit abbestellt werden.

Name/Vorname: _____

Straße: _____

PLZ, Ort: _____

Telefon: _____

E-Mail: _____

Geburtsdatum: _____

Bitte senden Sie mir:
- [ ] weitere Informationen aus dem Schirner Verlag
- [ ] den Schirner Newsletter (nur als E-Mail*)
- [ ] das SPIRIT live & Schirner Magazin

Diese Karte entnahm ich dem Buch: _____

Würden Sie dieses Buch weiterempfehlen?

Vielen Dank!

Antwort

Schirner Verlag GmbH & Co. KG
Elisabethenstr. 20 – 22
D-64283 Darmstadt

Das Porto übernehmen wir für Sie!

Gerne möchte ich an dieser Stelle das Thema Tod ansprechen, auch wenn es für viele ein Tabu ist. Ich verstehe die Gründe dafür irgendwie nicht. Meines Erachtens habt ihr die Dinge, wie sie wirklich sind, noch nicht begriffen. Ihr denkt, der Tod sei das Ende, das *Aus*. Aber, meine Lieben, das trifft wirklich nicht zu.
Als Beweis hierfür könnte ich euch unzählige Gespräche wiedergeben, in denen Tiere davon sprechen, wie das mit dem Tod ist, und in einem Punkt sind sie sich alle einig: Der Tod bedeutet nicht das Ende.
Die Erfahrung, sich zu trennen, jemanden gehen lassen zu müssen, ist sehr schmerzlich, natürlich nicht nur für euch Menschen. Aber zu erkennen und auch umzusetzen, dass Trennung nur auf der äußerlichen, rein körperlichen Ebene stattfindet, das ist nur wenigen von euch gelungen. Ich kann mich noch sehr gut an die Zeit erinnern, als ich das letzte Mal auf der anderen Seite war, und jetzt, im Alter, kommt die Erinnerung immer öfter wieder hoch. Manchmal habe ich ein schlechtes Gewissen, weil ich doch weiß, dass der Abschied für meine Lieben schrecklich sein wird.

Und trotzdem hoffe ich sehr, dass sie die Unendlichkeit des Seins zumindest ansatzweise begriffen haben. Vom Verstand her wissen sie es, sie hören es ja auch oft genug bei den Tiergesprächen, und Beate gibt das auch immer wieder so weiter. Doch manchmal bin ich nicht sicher, ob sie das alles auch wirklich verinnerlicht haben. Der Abschied würde dann wesentlich leichter fallen, sie würden nicht leiden, sondern sogar Freude empfinden über das unbeschreibliche Gefühl des Glücks und der Liebe, des Gefühls, zu Hause angekommen zu sein und zu erkennen: Ich war nie wirklich weg. Ein Teil der Seele ist nämlich immer mit »der Heimat«, der anderen Seite verbunden, und auch ihr habt das in euch. Genau das ist der Grund, weshalb es auch nach dem Tod in diesem Sinne keine Trennung gibt.

Ihr kreiert eure Zukunft, plant eure Aktivitäten. Wenn ihr den Prozess des Sterbens dabei als etwas Positives sehen würdet und nicht als Verlust, dann wäre er gar nicht so beängstigend. Und gerade Angst ist es, die den Übergang noch viel schwerer macht. Wir Tiere wollen das nicht und finden das ganz schlimm, und wir können diese Gefühle auch deshalb nicht ganz nachvollziehen, weil wir wissen, dass ein Teil von uns bei euch bleibt. Ihr Lieben, jeder, der mit seinen Tieren kommuniziert, bleibt sowieso auf ewig mit ihnen verbunden. Viele von uns helfen ihren Menschen auch noch von der anderen Seite aus und begleiten sie von dort aus weiter, weil nämlich das daraus resultierende Wachstum beide Seiten bereichert. Und wenn wir möchten, treten wir einfach mit euch in Verbindung – oder auch ihr mit uns.

Der Tod ist nur eine winzige Etappe auf dem langen Weg des Lebens, im Grunde stellt er die Geburt in die geistige Welt hinein dar. Nichts Schlimmes also, nein, gar nichts Schlimmes. Der Körper wird müde und schwer und sehnt sich irgendwann nach einer Pause, nach Erholung. Die körperliche Hülle fühlt sich verbraucht und kraftlos an, sie passt nicht mehr. Mir persönlich kommt es so vor, als würde sich der Geist, der ja in dem Sinne nicht altert, aus der Hülle herausentwickeln, wie ein Fuß, der wächst, sodass der Schuh nicht mehr passt. Und dann kommt die Erkenntnis, dass man diesen Körper loswerden muss, um wieder frei zu sein. So kann man sich das in etwa vorstellen. Es ist ein Prozess, der manchmal sehr lange dauern kann, der viele Höhen und Tiefen umfasst.
Lasst euch immer Zeit, euch ausgiebig von einem geliebten Lebewesen zu verabschieden. Es sollte nichts über den Zaun gebrochen werden, egal was andere Menschen oder meinetwegen auch die Tierärzte dazu sagen. Wir halten mehr aus, als ihr denkt. Manchmal kommt es mir so vor, als ob euer Leidensdruck wesentlich größer sei als unser eigener. Wir empfinden es oftmals als gar nicht so tragisch wie ihr, und sollten unsere Schmerzen doch zu groß sein, so bietet sich uns immer noch die Möglichkeit, zeit-

weise aus unserem Körper herauszutreten, sodass wir nichts spüren.

In vielen Fällen, zum Beispiel bei einem Unfall, kann es vorkommen, dass ihr keine Gelegenheit mehr habt, euch in aller Ruhe zu verabschieden. Doch auch hier kann ich euch etwas Tröstliches mitteilen: Zu jeder Zeit habt ihr während einer Meditation oder auf einer schamanischen Reise die Gelegenheit, Abschied von eurem Tier zu nehmen. Es wird dann im Grunde genauso sein, als würde es neben euch liegen – denn die Verbindung ist ja immer noch da, zwar auf einer anderen Ebene, aber nicht »außerhalb des Universums«. Wir werden uns wiedersehen. Manche Tiere kommen in einem anderen Körper zu euch zurück, andere erwarten euch, wenn ihr ihnen auf die andere Seite nachfolgt, und wieder andere übernehmen ganz neue Aufgaben. Sehen und finden werden wir uns aber immer wieder, weil wir doch alle miteinander verbunden sind und nichts und niemand im Universum verloren geht.

Seid euren Tieren bitte nicht böse, wenn ihr sie bittet, wieder zu euch zurückkommen, und sie ablehnen. Sie haben dann sicherlich Aufgaben übernommen, die nun in ihrem Bereich wichtig sind. Es hat also rein gar nichts mit mangelnder Liebe zu tun. So etwas behauptet nur euer Ego. Auf diese Art zeigen wir unsere Liebe sogar noch viel intensiver, weil es über unsere eigenen Bedürfnisse weit hinausgeht.

Wir stellen die Sehnsucht nach euch in den Hintergrund, und das nur, um unsere neue Aufgabe zu erfüllen oder weil für euch etwas anderes, zum Beispiel ein neues Tier oder euer eigenes *Tun*, wichtiger ist. Alles hat seinen Grund und seinen Sinn, davon bin ich überzeugt.
Ich kann mir vorstellen, dass für einige dieser Teil des Buches nicht so leicht zu verstehen war. Vielleicht könnt ihr das alles jetzt noch nicht annehmen, aber das ist auch nicht so schlimm. Sicher erinnert ihr euch zu gegebener Zeit an meine Worte, und vielleicht spenden sie euch dann den gleichen Trost, wie die nachfolgenden Auszüge aus Gesprächen es sicher jetzt schon tun.

Meine Freundin Sonja hat mit unserem Icaré über das Sterben gesprochen. Auf die Frage, ob er über den »Tod« etwas sagen kann, meinte er:

Den Tod solltet ihr nicht zu wichtig nehmen. Es ist nur ein Hinübergleiten in eine andere Welt, in etwas, das ihr nicht sehen oder fassen könnt und daher fürchtet. Es ist ein Ausatmen, ein Einschlafen und ein Aufwachen woanders. Es ist himmlisch, dort zu sein, aber es macht traurig zu sehen, wie ihr hier weiterlebt mit dem ganzen Frust, der Pein, dem Schmerz und der Trauer. Ihr haltet uns damit fest, und wir können wirklich nicht mehr tun, als immer wieder zu signalisieren: »Uns geht es gut!« Aber wisst ihr, irgendwann haben auch wir keine Lust mehr, auf euch einzureden wie auf einen alten Esel. Dann kann es sein, dass wir nur noch schweigen.

Auf die Frage, ob Menschen mit ihrer Trauer unsere Seelen festhalten, sagte Icaré Folgendes:

Nein, das ist ein Irrglaube. Menschen reden sich gerne Negatives ein, damit sie sich besser fühlen (so paradox das auch klingt) oder – was noch schlimmer ist -, damit es anderen Menschen schlecht geht. Die Seele kann nicht gehalten werden. Sie ist frei wie ein Vogel. Sie schwebt auf und davon und nur sie entscheidet, wo genau sie hingeht. Ihr wünscht, dass wir zurückkommen, zu euch zurückkehren, doch diesen Wunsch zu erfüllen, ist etwas, das einer Seele wirklich nur aus sich heraus, aus freien Stücken möglich ist. Sie kann sagen: »Ja, ich komme!«, oder etwas komplett anderes tun. Vielleicht gefällt es ihr dort so gut, dass sie nicht mehr wiederkommen mag. Aber vielleicht sendet sie ja Zeichen oder zeigt auf andere Weise, dass sie euch noch immer ganz nah ist. Seid einfach dankbar für das, was euch beschert wird, ob es nun tatsächlich ein Zeichen ist oder einfach nur die Erinnerung an all das, was ihr mit eurem Tier erlebt habt. Das ist doch auch ein Geschenk.

[Felina]: Ist es nicht wunderbar, wie ähnlich sich diese Aussagen sind, obwohl sie von verschiedenen Menschen übermittelt wurden? Begreift ihr endlich die Tragweite des Ganzen? Ich hoffe es so sehr.

Mein Freund Bärli hat über den Tod Folgendes gesagt:

Es bedarf noch ein klein wenig Zeit für uns zwei. Wir müssen uns noch richtig voneinander trennen. Ewig werde ich nicht mehr bleiben können. Ich bin allerdings guter Dinge, dass es noch eine Zeit lang so mit mir geht. Ich hoffe, das Ding in mir wächst nicht noch weiter. Aber glaube mir, ich halte es schon noch aus. Wenn ich wirklich leide, dann wirst du mir Abhilfe verschaffen, dann werde ich nur noch herumliegen und nichts mehr tun, nicht fressen und nicht trinken und auch nicht mehr aufstehen. Dann weißt du: »Jetzt ist es so weit!« Ich denke, das ist ein gutes Zeichen für uns beide. Ich möchte nicht, dass du zu sehr um mich trauerst. Ich gehe nur nach Hause. Auch du gehst irgendwann einmal dorthin; wir sehen uns dann wieder. Natürlich wirst du mir in der Zwischenzeit sehr fehlen, genauso wie ich dir, aber so ist es im Leben, wir kommen und gehen, jeder, wenn der Zeitpunkt gekommen ist. Irgendwann sind wir alle wieder glücklich vereint. Mir wird dann auch nichts mehr wehtun, mir geht es dann gut.

Auf die Frage, warum Tiere sich daran erinnern können, wie es hinterher ist, Menschen jedoch nicht, antwortete Bärli:

Wir können auf mehreren Ebenen gleichzeitig sein. Von euch Menschen können das auch einige. Sie befin-

den sich dann auf der physischen Ebene und zugleich auch auf derjenigen, auf der wir uns gerade unterhalten. Aber dann gibt es noch eine weitere Ebene, und auf dieser können die meisten von euch, während sie noch am Leben sind, nicht sein. Erst später tretet ihr wieder in diese Ebene ein, wenn ihr gestorben seid.

Das ist sehr schade. Vielleicht könnten wir mit machen Dingen viel besser umgehen, so wie ihr.

Ja, aber das soll eben nicht sein. Man muss sich mit dieser Thematik beschäftigen, um weiter zu wachsen. Nur wer den Tod auch als etwas Positives sehen kann und so diese Welt verlässt, ist gewachsen in seinem Geist. Es ist viel mehr, als es scheint. Glaube mir.

Kurz bevor Bärli starb, sagte er:

Manchmal sehe ich schon das Licht. Es wirkt sehr einladend auf mich. Es strahlt Wärme aus und vermittelt mir Zuversicht und Glückseligkeit. Ein schöner Ort.

[Felina]: Im folgenden Abschnitt kommt Rumi, die weise Seele, zu Wort, ein lieber Kater, der an einem Bauchtumor verstorben ist.

Wie denkst du über das Sterben?
   Der Körper schwindet, die Seele nicht. Nichts ist vergänglich. Niemand. Es ist wie eine Wiederge-

burt, nur auf anderer Ebene. Wir gleiten in eine andere Dimension. Es ist nicht schlimm. Die Menschen, bei denen ich lebe und die auch viel über diese Dinge wissen, sehen es als Bestimmung oder Berufung. Es geschieht, was geschehen soll, so wie der göttliche Plan es vorsieht.

Deine Menschen würden jede deiner Entscheidungen respektieren!
Das weiß ich, und darüber bin ich sehr glücklich. Ich bin hier, in diesem Leben, ein gleichberechtigtes Lebewesen, wie du und alle anderen lebenden Individuen. Ich bin ich. Ich bin so unendlich dankbar zu wissen, dass ich dieses Verständnis um mich herum habe. Ich weiß, es wäre sehr schwer für meine Menschen, sehr schwer, aber die Dinge würde so ihren Lauf nehmen, wenn es denn vorgesehen ist.

Wenn du einmal gehen musst, wie sollte das dann sein?
Eingehüllt in Licht und Liebe, und viele Engel. Eine Stimme, die sagt: »Ich bin bei dir, und alles wird gut.« Ich würde es gerne so haben, wie meine Schwester es hatte. Es war sehr bewegend, auch für mich. Musik, das wäre toll. Trommeln und Gesang. Wie ein Priester, dem sein letzter Tanz und Gesang zugute kommt. So würde ich es wollen.

Du kommst mir wie ein kleiner Philosoph vor.
Meine Menschen werden auch erstaunt sein über

meine Worte. Zumindest ein wenig. Ich bin sehr eigen, musst du wissen, und es entspricht nicht so dem ruhigen und ausgeglichenen Wesen, das gerade zu dir spricht. Aber meine Seele, sie ist schon sehr alt, und ich bin deswegen auch äußerst auf die Worte bedacht, die ich von mir gebe. Ich spreche aus dem Herzen, mit dem Herzen, ich bin ein Licht, ein Lichtwesen. Licht umgibt mich, und Licht sende ich aus. Ich erfreue meine Menschen, und die Menschen erfreuen mich. Ich lerne von ihnen, und sie lernen von mir. Ich bin der Seelenwanderer, der schon oft die Wege seiner Menschen gekreuzt hat.

Ach, mein Lieber, ich wünsche dir so sehr, dass alles wieder gut wird bei dir.
Ich bin ein optimistischer Kerl, ich denke positiv. Ich möchte ein Licht bekommen, eines, das nur für mich brennt. Es geschieht so viel in der Materie, die ihr nicht sehen könnt, so viel.

Du bekommst ein Licht. Ich entzünde dir auch eine Kerze, für deine persönliche Heilung.
Ich danke dir, mein Engel.

Oh, du machst mich verlegen. Engel – was für ein schönes Wort.
Ein Wort. Eine Schwingung. Eben passend.

Danke dir, mein Guter. Möchtest du abschließend noch etwas mitteilen?

Meiner Seelenfreundin geht es gut. Mir geht es gut. Ich liebe euch aus tiefstem Herzen, so wie ihr mich. Wir gehen voran. Wir schaffen das. Ich danke euch für eure Hilfe, für euer Vertrauen in mich, für eure Verantwortung, für euer Leben. Sollte alles anders kommen als geplant, dann seht es als Bestimmung, dann hat es seinen Sinn. Natürlich gehen wir nicht davon aus. Wir gehen vom Positiven aus, von sonst nichts. Wenn es dennoch geschieht, dann lasst es geschehen, dann möchte ich es so. Manchmal entscheidet man sich, wenn man in der Situation mittendrin steckt, noch einmal anders. Auch bei mir kann das so sein. Ich bin auf ewig dankbar und sende euch viel Licht und Liebe.

[Felina]: Beate hat noch ein paar Mal mit Rumi gesprochen, und im letzten Gespräch sagte er:

Wie fühlst du dich?
Leer.

Wie, leer? Was meinst du damit?
Alles ist so verschwommen für mich, nicht mehr ganz klar und ersichtlich.

Ich verstehe nicht, was du meinst?
Mein Geist ist manchmal nicht mehr in der Hülle. Ich trenne mich davon, damit alles erträglich wird.

Hast du denn große Schmerzen?
Nein. Ein Leid, ein großes Leid ist es nicht.

Möchtest du deinen Menschen noch etwas sagen?
Euer Beistand tut mir unendlich gut. Euer Leben ist im Einklang. Die Liebe ist weit verbreitet und das ist gut. Das Leben ist Liebe. Liebe ist Leben. Vergesst das nie. Euer stetiger Begleiter werde ich sein, auch wenn ich mich entscheide, aus dieser Welt zu gehen. Ich bin schon öfter in den anderen Sphären gewesen und es ist unendlich schön dort. So viel Liebe und Freude, innere Ruhe und Frieden. Ich möchte euch aber nicht verlassen, zu schmerzlich ist es doch auch für mich.

Ich soll dir sagen, dass deine Menschen mit jeder deiner Entscheidungen einverstanden sind. Du musst nicht wegen ihnen bleiben. Das wollen sie nicht. Es soll alles nach deinen Wünschen geschehen.
Ach, meine Lieben, so viel Liebe und Vertrauen in den Glauben, in Gott und die göttliche Fügung. Es war schön, euer Begleiter gewesen zu sein. Es hat mir so gefallen, von euch zu lernen und euch zu inspirieren. Der Geist ist für immer, die Seele, der Körper sind vergänglich, auf dieser Ebene. Aber ihr wisst all diese Dinge, ihr wisst sie doch.

Denkst du, dass du dich verabschieden möchtest?
Die Entscheidung wird in den kommenden Tagen fallen. Es geht voran oder vorbei. So wird es sein.

Kann man dir noch irgendwie helfen?

Seid einfach da, gebt mir Kraft, Mut und Licht, das ist alles, was ich mir wünsche. Vielleicht noch einmal ein Moment dieser tiefen Verbundenheit mit meiner Menschenfreundin. Das wäre sehr schön. Ich liebe euch so sehr, aber ihr wisst das. Liebe, oh ja Liebe, diese Freude ist unbeschreiblich, dieses tiefe Gefühl zu empfinden. Im anderen Jetzt ist dieses Gefühl immer da, man vergisst nicht, wo man herkommt, ist immer verbunden, verbunden mit der Liebe, der eigenen und der zum Göttlichen. Wir sind alle eins.

Genau zwei Monate nach diesen Worten ist Rumi gestorben. Während dieser Zeit hatten seine Menschen noch ausreichend Gelegenheit dazu, mit ihm zu kommunizieren und auf seine Wünsche einzugehen. Sie haben ihn als das gesehen, was er war: eine geliebte, selbstständige Seele mit eigenen Anschauungen und Bedürfnissen.

Mein größter Wunsch wäre, euch mit unseren Mitteilungen dabei zu helfen, über Trauer und Schmerz hinwegzukommen. Es ist so wichtig, dass ihr dies erkennt. Ihr erspart euch so viel Leid. Wie gesagt: Der körperliche Verlust ist da, wir verstehen das auch, aber unser größtes Anliegen ist es, dass ihr endlich aufwacht und begreift und dass ihr sehen und fühlen könnt, was wir fühlen. Wenn ihr wirklich verstanden habt, wovon wir sprechen, dann ist der Tod nichts

Schlimmes mehr für euch. Auch wenn wir nicht mehr körperlich bei euch sind, werdet ihr trotzdem auch Momente der Freude zwischen denen der Traurigkeit erleben und den Frieden innerlich spüren, der euch sonst verwehrt bliebe.

Wie ihr den Tieren auf ihrem Weg helfen könnt

Nicht immer ist es so, dass wir friedlich einschlafen können, denn manchmal werden wir ziemlich heftig aus unserer Hülle gerissen, und in solchen Fällen finden wir dann den Weg ins Licht nicht sofort. Aus diesem Grund ist es sehr hilfreich, eine Kerze, ein Licht für uns anzuzünden, entweder schon während des Sterbeprozesses oder spätestens dann, wenn wir gegangen sind. Auch ist es sehr hilfreich, ein Gebet für unsere Seele zu sprechen. Ihr könnt gerne unsere Worte verwenden oder natürlich auch eigene finden. Bittet in jedem Fall die Engel, vor allem Erzengel »Azrael«, den Engel für Sterbende und des Trostes, um Hilfe und Unterstützung.

»So spreche ich dich, ›(Name des Tieres)‹, und alle, die mit dir verbunden sind, Diesseitige und Jenseitige, los in Jesu Namen. Liebe Engel, ich bitte euch, nun ›(Name des Tieres)‹ zum Licht zu führen, zur allumfassenden Liebe. Bitte helft ›(Name des Tieres)‹ loszulassen und den Weg ins Licht zu gehen. Es werde Licht, werde Licht, werde Licht in Jesu Namen. Amen, Amen, Amen. Ich danke euch, dass dies nun geschieht.«

Tiere, die nicht im Licht sind, werden euch für eure Worte der Liebe von Herzen dankbar sein und nun endlich ihre Reise antreten können. Sie erfahren dadurch die Liebe und das Glück, das ihnen sonst verwehrt worden wäre. Dies ist übrigens nicht nur bei Tierseelen so, auch Menschenseelen kann man durch dieses Gebet in den Himmel begleiten.

Die Mitteilung, dass ich sterben werde ...

war ein echter Schock! Aber ich hatte Beate das schon ein paar Monate vorher gesagt, sodass sie vorbereitet war: Wenn das Kapitel über den Tod vollendet ist, wird es so weit sein. Sicher konnte sie es sich zu dem Zeitpunkt, als ich es sagte, noch nicht so richtig vorstellen. Wie auch? Ich war doch allem Anschein nach noch kerngesund. Unsere Abmachung war aber immer gewesen, dass ich es ihr sage, wenn es so weit ist, und nicht früher. In der Nacht, bevor die Diagnose gestellt wurde, sagte ich zu ihr: »Ich werde den Schnee nicht mehr sehen, ich gehe jetzt.«
Das sind genau die Momente, in denen ihr sehr stark an euch zweifelt, aber Beate wusste in diesem Augenblick, dass es von mir kam und dass es so sein würde. Die Diagnose bestätigte meine Worte, doch den Zeitpunkt, den wollte immer noch ich bestimmen. Genau so sollte es sein: *Ich* werde gehen!

Meiner Freundin Sabine habe ich Folgendes mitgeteilt:

Ich habe alles Wichtige gesagt. Sag Beate, sie soll das Buch zu Ende schreiben. Sie wird dabei Hilfe bekom-

men und es wird sie bereichern. Steh ihr bei in ihrer Trauer um mich. Ich bin in der Glückseligkeit. Ich sehe den Mond und die Sterne funkeln, sehe viel Licht um mich. Bin eingehüllt in Liebe und fühle mich unendlich sicher, wie in einem geborgenen Zuhause, in dem es keine Angst gibt. Nur Beates Trauer macht mir Sorge. Kümmere dich um sie, das ist mein Wunsch an dich, Sabine. Wenn ich sie in guten Händen weiß, kann ich meinen Weg antreten. Versprich mir noch, dass sie das Buch weitergeben wird. Mein Geist ist schon in anderen Dimensionen, am liebsten möchte ich einfach einschlafen. Sag Beates Mann Danke für seine Treue. Sag Beate, sie ist ein geborener Engel für die Tierwelt, sie soll sich immer auf ihr Gefühl verlassen und nicht auf andere hören.

Und über Adelheid teilte ich mit:

Liebe Beate, hadere nicht mit meinem »Weggang«, es ist für dich, auch wenn es dir schwerfällt, das zu verstehen. Durch mein Dasein habe ich in dir das Vertrauen geschaffen, der Liebe den Weg bereitet, sodass du mir folgst, wenn ich dir das Licht der Welt zeige. In solchen Extremsituationen, das heißt in Momenten der großen Trauer, hat das Licht der Welt, die Glückseligkeit, eine Chance, Einlass in dein Herz zu bekommen. Halte diese Momente fest, lass es hell werden in dir, und vertreibe die Schatten der Trauer. Ich bin immer bei dir, und du kannst mich spü-

ren auf eine Weise, die die Schatten der Unwissenheit vertreibt. Es sind die Momente, in denen du dich eins fühlst mit mir und letztlich mit dem Universum. Lass es einfach zu, für Trauer ist kein Platz. Liebe sollst du spüren, nichts als reine Liebe. Und trotzdem: Bitte verzeih mir, wenn ich dir wehtue. Folge meinem Weg und lass den Schmerz hinter dir. Ich liebe dich, die Welt liebt dich, fühle dich angenommen und aufgehoben.

Man kümmert sich rührend um mich, begleitet mich stetig und lässt mich keine Sekunde mehr allein. Ich fühle mich ausgesprochen geborgen und gut aufgehoben. Ein Nachtlager hat man errichtet, wo wir nun alle schlafen. Es ist unten, damit ich keine Treppen mehr steigen muss. Es würde mich auch sehr anstrengen. Es gibt Tage, da geht es mir gut, und ich merke, dass meine Lieben Hoffnung schöpfen, aber das ist nicht richtig, denn der Zeitpunkt ist gekommen, und das habe ich gesagt. Sie erkennen es auch immer wieder, weil ständig neue Dinge hinzukommen, wenn sie eine Sache im Griff haben. Es ist wundervoll, in solch einer Harmonie zu gehen und dem Tag entgegenzusehen, während meine Lieben mir beistehen. Ich wusste ja schon immer: Ich lebe in einem besonderen Zuhause, aber jetzt ist es mir noch viel klarer. Ich bin glücklich über mein Leben, ich bin glücklich, dass ich die Möglichkeit hatte, mich mitzuteilen. Ich hoffe so sehr, dass dies irgendwann jedem Tier zuteil werden wird und dass jedes Tier eine derart innige Beziehung zu seinen Menschen erfährt. Es wäre ein wunderschönes Geschenk an die Erde und das Leben.

Meine Lieben, es ist so weit, ich werde euch nun auf dieser Ebene verlassen. Es ist nicht für immer, und ich bin auch nicht weg! Mein Geist löst sich, Schmerzen fühle ich nicht mehr. Ich bin leicht, glückselig und schwimme im Licht. Meine Engel und meine Freunde warten hier, ich bin nicht allein. Meine Lieben, ihr müsst euch wirklich nicht fürchten. Ich habe ein großartiges Gefühl der Liebe und Dankbarkeit, auch dafür, dass mein Leben so sinnvoll war. Ich konnte euch helfen und beistehen und das werde ich auch weiterhin tun!

Das Buch jedoch, es ist noch nicht zu Ende, denn der Neubeginn fehlt. Darüber spreche ich aber erst in einiger Zeit, denn es muss erst dieser Schritt vollendet sein. Mein Leben war wunderschön, und ich möchte keine Sekunde davon missen, doch jetzt freue ich mich auf die andere Dimension. Mein Köper, er lässt ja nun schon lange nach, doch dort bin ich wieder frei, frei von allen Fesseln. Was mir noch zu sagen bleibt: »Ich liebe euch aus tiefstem Herzen, wir sind alle eins!« Seid nicht traurig, ich hätte es nicht besser treffen können …

*Auf immer und ewig,
dein Engel, und eure Felina…*

Am 07. August 2007, am frühen Nachmittag, bin ich dann in Begleitung von vielen Engeln und meinem Freund Fijack in den Armen von Beate eingeschlafen.

Mit toten Tieren kommunizieren

Jetzt, da ich nicht mehr bei euch bin, kann ich davon erzählen, was ich nun empfinde, wenn sich Beate bei mir meldet. Mich überkommt ein Gefühl des Glücks und des tiefen Friedens, der Liebe und Verbundenheit, die auch weiterhin zwischen uns ist. Die Verbindung ist noch immer so stark und fest wie eh und je. Sicher war es schlimm für mich, Beates Trauer zu sehen, denn der Kummer über den Verlust des leibhaftig gegenwärtigen physischen Wesens ist einfach da. Auch ich war sehr traurig, vor allem, wenn ich sie weinen sah. Ich habe dann immer versucht, ihr irgendwie mitzuteilen, dass ich doch noch immer da sei, ganz nah bei ihr. Und stets antwortete sie: »Ja, ich weiß mein Liebling, aber du fehlst mir so, ich kann dich nicht streicheln, nicht berühren, ich möchte dich wiederhaben.« Und mit welchem Nachdruck sagte ich dann immer: »Reiß dich zusammen, mir geht es gut. Ich liege hier neben dir und beschütze dich. Mach weiter, vollende mein Werk, bring meine Worte zu Papier, damit ich wiederkommen kann.«
Es war einfach nur schlimm, und ich hatte mir nie vorstellen können, wie schmerzhaft es doch sein würde, vor allem für Beate.

Erst ein paar Tage nach meinem Tod fand sie dann den Mut, mich ganz konkret anzusprechen:

15. August 2007

Hallo Mäuschen, hörst du mich?
Ich höre dich, warum sollte ich nicht. Ich höre dich ständig und du mich doch auch.

Das stimmt. Wie geht es dir, meine Süße?
Mir geht es wirklich gut. Sei nicht besorgt um mich. Ich bin immer bei dir.

Magst du mir mal zeigen, wie du dich jetzt fühlst, was du empfindest?
So viel Liebe und Glück, man kann es nicht in Worte fassen, aber ich kann dir diese Emotionen gerne weitergeben.

Dann schick sie mir mal, ich kann das jetzt brauchen. (Und ich habe ein unendliches Gefühl der Liebe und des inneren Friedens empfunden, ein Gefühl von Dankbarkeit und Freude. Sehr schwer in Worte zu fassen.)

Ich danke dir. Wie wird unsere Zusammenarbeit von nun an aussehen?
Gut. Ich werde dich immer unterstützen, dir deine Fragen beantworten. Das ist auch jetzt noch möglich, vielleicht sogar besser.

Aber wie ist es mit Menschen, die Probleme haben?
Wir werden einen Weg zur Kommunikation finden. Es wird schon eine Möglichkeit geben, Gespräche zu führen.

Weißt du, dass ich dich sehr vermisse?
Ja, ich weiß das. Aber wir sehen uns wieder. Versprochen.

Meinst du wirklich?
Ja, ich weiß es.

Ich hoffe, ich erkenne dich dann!
Ich *werde dich erkennen. So viel steht fest.*

Du bist so lieb. Hast du noch etwas, was du mir mitteilen möchtest?
Ja, schau endlich wieder nach vorne, tu endlich wieder etwas. Sei nicht so faul, sondern beweg dich und bring die Dinge wieder ins Rollen. Sonst habe ich jetzt im Moment nichts zu sagen.

Danke, meine Maus. Ich drück dich ganz doll. Hab dich sehr lieb.
Ich dich auch. Du bist meine Liebe.

Hab eine schöne Nacht und grüße unseren Fijack.
Das mache ich. Mit ihm solltest du vielleicht auch mal wieder sprechen.

Viele Gespräche sind diesem noch gefolgt, und trotzdem hatte ich manchmal Schwierigkeiten, meiner lieben Beate alles zu sagen oder überhaupt zu ihr durchzudringen. Sie brauchte einige Wochen, bis sie wieder in die Gänge kam, und so manches Tier musste auf sein nächstes Gespräch warten. Aber es hat einfach seine Zeit gedauert, bis sie alles verarbeitet hatte. Irgendwann hat sie dann endlich auch wieder an diesem Buch weitergeschrieben, und genau das war es, was ich wollte: dass all meine Worte und Gedanken zu einem Buch zusammengefasst werden!
Mit der Zeit ging es ihr dann auch langsam besser. Ich denke, sie hatte sich vor dem Schreiben gedrückt, weil sie vor den Gefühlen Angst hatte, die meine Worte in ihr auslösen würden. Doch genau das Gegenteil ist geschehen. Die Verbundenheit, die schon zu Lebzeiten sehr tief war, ist durch unsere Gespräche »über die Dimensionen hinweg« wieder genauso da gewesen. Ich glaube, die Erkenntnis, dass wir trotz meines Todes noch immer zusammen sind, hat sie erst nach einer gewissen Zeit so richtig verstanden. Manchmal laufen ihr auch heute noch Tränen übers Gesicht, aber nicht mehr aus Trauer, sondern aus dem Verstehen und der Dankbarkeit heraus.

Auch Beates Freund, der allerdings nicht auf diese Weise mit mir spricht – nun ja, er würde es zumindest nicht zugeben – habe ich Botschaften übermittelt. Er hat in einem Traum erfahren, wie es jetzt für mich ist, wie »tote« Seelen sich fühlen, und dass der Kontakt zu den Lebenden immer noch da ist. Er wehrt sich, möchte auch keine Hunde mehr. Ich sage dann immer: »Vielleicht solltest du es einfach zulassen, dass ich wieder zu euch möchte. Du kannst mich nicht aufhalten, ich werde wiederkommen!«

Viele von euch haben Angst, diesen Schritt zu wagen, mit toten Tieren in Kontakt zu treten. Na ja, man sollte sich vielleicht fragen, was der Grund für eure Kontaktaufnahme ist. Wenn ihr nur wissen wollt, warum der Hund den Postboten gebissen hat oder warum die Katze in die Küche gemacht hat – ich denke, dies alles spielt für uns jetzt keine Rolle mehr. Es ist jetzt nicht mehr wichtig. Getanes ist getan, Gesagtes wurde gesagt. Wenn ihr es zulasst, werden eure Tiere im Jenseits ganz sicher bereit sein, mit euch zu sprechen. Ihr müsst euch nicht fürchten, wir freuen uns darüber und es geschieht euch auch nichts. Schützt euch nur vorher ausgiebig und bittet um göttlichen Segen. So werden euch nur gute Seelen zur Seite stehen und es wird sich kein unerwünschter Gast einschleichen.

Eure verstorbenen Tiere können euch den Schmerz nehmen, sie werden euch helfen und euch ganz oft daran erinnern, dass sie noch immer bei euch sind. Genau so, wie ich es auch bei Beate getan habe. Die Angst will euch letztlich nur davon abhalten, all das Schöne und Tröstliche zu erleben, das ihr durch den Kontakt mit uns erfahren könnt. Es ist nicht böse und es ist nicht schlimm, im Gegenteil, wir möchten euch helfen zu verstehen, und wenn wir nicht sprechen wollen, dann werden wir uns eben irgendwie anders mitteilen. Das macht auch uns die Trennung von euch wesentlich leichter.

Es ist auch nicht richtig anzunehmen, dass ihr uns irgendwie »loslassen« müsstet. Das könnt ihr ja gar nicht, weil wir ja alle ständig miteinander verbunden sind. Es ist nur die Trauer, es sind die Tränen und der Schmerz, die ihr gehen lassen solltet. Erst dann werdet ihr es so begreifen und empfinden, wie es ist. Allerdings ist es nicht immer einfach und manchmal auch ein langer Weg, aber wenn ihr bereit seid, ihn ohne Wenn und Aber zu gehen, werdet auch ihr irgendwann erkennen, dass meine Worte der Wahrheit entsprechen.

Neubeginn

Dieses Wort kann ja so vieles bedeuten, in so viele verschiedene Richtungen gehen. Auch uns Tieren ist zu Lebzeiten nicht immer klar, wohin ein Neubeginn führen soll. Aber seid euch sicher: Nichts ist bindend. Wenn ihr eine Entscheidung getroffen habt, die eure nähere Zukunft verändert, so könnt ihr diese stets widerrufen, denn euer Geist ist frei und ihr könnt euch jederzeit neu entscheiden. Niemand kann euch etwas einreden, niemand über euch bestimmen.

Eine Art Neubeginn kann es aber auch sein, wenn man für sich allein, ohne ein geliebtes und vertrautes Wesen an seiner Seite, leben muss. Der eine hier, der andere dort – und dennoch nicht voneinander getrennt. Wenn es euch gelingt, hinter die Dinge zu schauen, sie zu hinterfragen und wirklich zu verstehen, dann werdet ihr einen Blick für »das Ganze« bekommen, für das komplette Spektrum des Lebens, ob nun hier, auf Erden, oder in anderen Dimensionen.

Ein Neubeginn läuft immer ganz individuell ab. Manchmal müssen gemeinsam Entscheidungen getroffen werden. Damit meine ich andere Seelen und Wesen, die schon vorausgegangen sind. Für euch, die ihr »zurückgeblieben« seid (so wie ihr das nennt), bedeutet das, mit euren Gefühlen fertig werden und den Verlust verkraften zu müssen. Das geht meist nicht von heute auf morgen, es dauert halt seine Zeit. Und irgendwann kommt dann der Moment, in dem die Trauer dem Glück und der Gewissheit weicht: »Meinem Liebling geht es jetzt gut!« Schluckt die Tränen dann einfach hinunter und baut euch an der Erinnerung auf, an der Liebe, die immer noch da ist, und natürlich an der Kommunikation, die euch zu jeder Zeit Trost spenden kann.

Vielleicht schicken eure verstorbenen Tiere euch Artgenossen, die euch trösten sollen. Schickt sie nicht weg, es sind Boten der Liebe und der Heilung. Die Seelen dieser Tiere haben den konkreten Auftrag, euch zu helfen. Ihr braucht nicht zu befürchten, euren verstorbenen Tieren gegenüber wie Verräter zu erscheinen, wenn ihr euch mit diesen neuen Tieren abgebt. Nein, ihr seid einfach spirituelle Wesen, die auf ihr Gefühl und ihre Intuition hören und ihrer »inneren Stimme« vertrauen. Und genau das zählt doch zu den wichtigsten Aufgaben bei der Tierkommunikation: das Vertrauen in die eigene Intuition und der feste Glauben an sich selbst.

Und wenn wir unsere Aufgabe im Jenseits erfüllt haben, dann kommen wir wieder. Wie gesagt, nicht immer zu den Menschen, bei denen wir im vorigen Leben waren, aber doch zurück auf die Erde. Wenn ein Tier allerdings wieder zu seinem Menschen kommen möchte, dann seid nicht besorgt, dass ihr seine Ankunft »verpassen« könntet, das ist nicht möglich. Wir finden euch immer, weil es so sein soll. Ihr müsst nur auf die Zeichen achten, dann kann nichts passieren. Ein Blick in die Augen des Tieres wird euch Gewissheit geben. Und manchmal zeigen wir uns auch in anderen Tieren, die noch immer bei euch leben oder die nach unserem Weggang den Weg zu euch gefunden haben. Wir schlüpfen in ihre Körper und machen genau die Dinge, die unverkennbar auf unser vorheriges Dasein hinweisen. Wir tauschen also tatsächlich das Bewusstsein mit den jeweiligen Tieren, wenn auch nur für kurze Zeit.

Es gibt auch Momente, in denen ein Seelentausch für das komplette weitere Leben stattfinden kann, die Regel ist das aber nicht. Für manche Menschen ist das auch nicht so einfach zu verstehen, weil es doch irgendwie den Rahmen eures Verständnisvermögens sprengt. Auch meine Beate hat da manchmal so ihre Probleme, aber so ist das nun mal. Vertraut darauf, ihr braucht wirklich keine Angst zu haben, denn wenn es vorherbestimmt ist, dass wir bestimmte Dinge gemeinsam lösen sollen, werden wir immer wieder auf irgendeine Art und Weise zusammenfinden.

Beate hatte einmal, kurz bevor ich krank wurde, ein Gespräch zu führen, bei dem es genau um diese Thematik ging. Einer Frau war ihr Kätzchen gestorben und durch Zufall hatte sie erfahren, dass es in ihrer Gegend Katzenbabys zu verschenken gab. Sie ging dorthin. Ein kleiner Kater hatte es ihr angetan, und doch war sie sich nicht sicher, welches der drei Kätzchen nun ihr neuer Liebling sein sollte.

Carina, das verstorbene Kätzchen, sagte dazu Folgendes:
Sag ihr, sie kann keine Fehler machen. Ich bin da, wo sie sein wird, ganz sicher.

Auf die Frage, wie man sie erkennen könnte, sagte sie:
Indem sie das empfindet, was sie für mich empfunden hat, aber wie gesagt – sie kann keine Fehler machen. Wenn wir noch jung sind, können wir immer noch Seelen tauschen und deswegen werde ich da sein, wo sie ist.

Sie wurde noch einmal gefragt, welches der drei Kätzchen sie sei:
Weißt du, meine Süße, so funktioniert das leider nicht. Ich kann dir nicht sagen, wer ich bin, aber ich komme zu dir, ganz bestimmt. Bitte lass dein Herz entscheiden.

Auf die Frage, ob es überhaupt schon der richtige Zeitpunkt sei, meinte sie:

Die Zeit spielt keine Rolle. Ich weiß, meine Worte sind nicht sonderlich hilfreich, tut mir wirklich leid. Aber ich darf solche Informationen nicht geben. Ich kann nur sagen, dass ich wieder zu dir zurückkommen werde, und das auf jeden Fall. Du wirst vom Gefühl her sagen können, welches der Kätzchen ich bin, da bin ich mir ganz sicher. Geh einfach tief in dich, und bei einer der Katzen wird sich dein Herz öffnen. Dann weißt du, wer bei dir einziehen wird.

Und abschließend sagte sie:
Sie wird nicht befriedigt sein, nein, das nicht, aber sie wird schon verstehen. Ich weiß, uns zwei hat viel verbunden und deshalb möchte sie nichts verkehrt machen. Aber ich sage noch einmal: Man kann *keine Fehler machen!*

[Felina]: Beate hatte das Gefühl, dass die Seele Carinas in der schwarz-weißen Katze war. Sie hat es aber nicht gesagt. Und genau dieses Kätzchen ist dann bei dieser Frau eingezogen. Sie hatte auf einmal ganz fest das Gefühl, dass genau dieses ihr Liebling ist und nicht der Kater, der ihr zuerst gefallen hatte. Ihr seht also, im Leben findet immer alles seinen Weg, und alles kommt zur rechten Zeit an den rechten Ort.

Ein Gespräch mit Linus, dem Kaninchen von Beates Freundin Sonja, bestätigte noch einmal, dass es möglich ist, dass Tiere ihre Seelen tauschen. Nachdem Linus' Kumpel Gonzo gestorben war, hatte Kaninchen

Gomez seinen Platz bei ihnen eingenommen. Dass die beiden ein und dieselbe Seele waren, stellte sich aber erst später, durch das Gespräch mit Linus heraus.

Hallo Linus, ich bin Beate, hast du Zeit und Lust mit mir zu sprechen?
Sicher, wir hatten ja schon öfter Kontakt in letzter Zeit.

Ja, das stimmt. Ich wollte mit dir über den Tod sprechen. Möchtest du das?
Nein, eigentlich möchte ich mit dir nicht darüber reden, sondern lieber über das Thema Neubeginn.

Aha, und warum das?
Weißt du, Sonja hat da, glaube ich, so ihre Probleme damit, und deshalb möchte ich eher nichts dazu sagen.

Okay, dann erkläre mir mal, was du mir damit sagen möchtest.
Nicht jeder ist davon überzeugt, dass wir Tiere wieder auf die Erde zurückkommen. Auch wenn ihr glaubt, dass es bei Menschen so ist, so habt ihr doch ein Problem damit, wenn es um uns geht. Vielleicht liegt es daran, dass ich so klein bin, nur ein Kaninchen, kein Pferd oder Hund. Da könnte es eurer Meinung nach schon eher funktionieren, aber es spielt keine Rolle, wie groß ein Lebewesen ist. Es kann wieder auf die Erde kommen. Es muss

ja auch kein Kaninchen mehr sein, nein, es könnte sich auch einen anderen Körper aussuchen.

Gibt es denn einen bestimmten Grund, warum du mir jetzt davon erzählst?
Ja, den gibt es. Weißt du, meine Sonja sagt immer, wir seien alle eigen, aber keiner sei wie einer meiner toten Freunde. Allerdings glaube ich, tief in ihrem Inneren sind da jetzt auch schon Zweifel vorhanden. Ich kann dir sagen, die sind auch berechtigt. Es spielt bei einem Neubeginn keine Rolle, wie lange wir schon tot waren. Eine Wiedergeburt kann auch sehr schnell erfolgen schon nach Stunden oder Tagen.

Ehrlich gesagt weiß ich jetzt immer noch nicht, worauf du hinauswillst.
Na, sie sieht ihre toten Freunde in den Tieren und will nicht wahrhaben, dass es wirklich diese Seelen sind.

Ah, du willst andeuten, dass sie offensichtlich der Meinung ist, dass die Toten sich in den Lebenden zeigen?
Genau. Das kann auch passieren, aber in unserem Fall ist das nicht so.

Aber dann, mein Lieber, wäre es doch so, dass ein Seelentausch hätte stattfinden müssen?
Und? Wo liegt jetzt da das Problem?

Hm, ich denke im Verständnis.
Das ist sehr schade, wenn du dieses Verständnis nicht hast. Es gibt Seelen, die gehen einfach zu früh, haben ihr Soll noch nicht erfüllt, und in diesem einen Fall war es so.

Also, um es jetzt mal beim Namen zu nennen: Du denkst, Gonzo ist Gomez?
Ich denke es nicht, ich weiß es.

Wow, jetzt bin ich aber wirklich sprachlos!
Du wolltest Infos für dein Buch, und ich habe dir Infos gegeben. Jetzt hast du auch eine Geschichte über einen Seelentausch.

Was ich hierbei noch nicht ganz verstehe: Wann entscheidet eine Seele denn, ob sie den Körper tauschen möchte? Schon auf der irdischen oder erst in der jenseitigen Welt?
Meistens im Jenseits. In Gonzos Fall ging das auch ganz schnell. Er war ein Notfall dieser Gomez, und deswegen ging das auch.

Warum verhält sich Paula denn dann so merkwürdig Gomez gegenüber? Sie müsste doch auch gemerkt haben, dass es Gonzo ist.
Wie soll ich es sagen ... verletzter Stolz, Engstirnigkeit? Ja, das könnten Gründe sein. Du wirst schon sehen, wie gut sich die Zwei noch vertragen werden – nämlich wie früher.

Da bin ich ja mal gespannt. Möchtest du Sonja noch etwas mitteilen?

Manchmal versteht man die offensichtlichen Dinge erst später, bei genauerem Hinsehen. Manchmal möchte man bestimmte Dinge nicht sehen, und daher wird man immer und immer wieder mit ihnen konfrontiert. In deinem Leben, liebe Sonja, passieren jetzt oft diese denkwürdigen Ereignisse. Das bedeutet, dass du dir alles noch einmal genau anschauen, es überprüfen und über die jeweiligen Konsequenzen nachdenken solltest. Mach dir darüber mal Gedanken. Ändere alles, was dich in deinem Leben unglücklich macht. Ich liebe dich sehr.

Du bist ein ganz toller Kerl. Ach, ich soll dich noch fragen, wie alt du bist?

Ich bin 6. Aber im Grunde meines Herzens fühle ich mich immer noch wie 4 (lacht).

Du bist so süß. Ich danke dir sehr für das tolle Gespräch.

Gern geschehen, schließlich wollte ich ja auch mit in das Buch.

Manche von uns Tieren bleiben jedoch für immer hier im Regenbogenland. Sie helfen euch dann von dieser Seite aus bei euren Aufgaben, damit ihr den richtigen Weg finden und ihn auch gehen könnt. Jederzeit könnt ihr uns um Hilfe bitten, wir sind stets

und immer für euch da. Wir helfen nicht nur den Menschen, bei denen wir auf der Erde gelebt haben, sondern auch anderen, denn auch unsere Seelen können an vielen Orten gleichzeitig sein.
Ihr seht also, ein Neubeginn kann auf verschiedenste Arten ablaufen.

Was soll ich jetzt noch über mich sagen, wo ich doch schon so ein schönes Leben hatte und meine Botschaften sogar noch von hier aus vollenden kann. Ich bin so dankbar dafür und ich hoffe, dass Beate das Werk bald vollendet, denn dann ist es meine Aufgabe, wiederzukommen. Der Weg, den wir zusammen gehen müssen, ist noch weit und noch lange nicht zu Ende. Es gibt so vieles, was noch zu tun ist. Die Botschaft des »geistigen Sprechens mit allen Lebewesen« – und ich spreche nicht nur von Tieren – der Welt zu verkünden. Und es freut mich zu sehen, dass die Menschen immer offener werden für das, was kommt. Meine Aufgabe ist noch nicht erfüllt, denn ich möchte Beate weiterhin begleiten auf ihrem Weg. Ihr helfen, dass die Informationen bei allen ankommen. Als Vermittler, und das nicht nur auf geistiger, sondern auch auf körperlicher Ebene. Das Ziel soll sein, und das sage ich aus ganzem Herzen, dass die Menschen den Glauben finden an diese Art der Kommunikation mit uns. So wird das Leid der vielen gequälten Seelen und Körper hoffentlich bald ein Ende haben. Denn wenn Tiere sich mitteilen können, werden die Menschen, die heimlich quälen, bald entlarvt werden! Es wird eine Welt voller Liebe und Verständnis sein, doch der Weg dorthin ist noch weit. Jeder von euch kann dazu beitragen, unsere Botschaft in die Welt hinauszutragen, indem ihr allen Menschen, die ihr kennt, davon erzählt.

Ich werde also den Weg zurück finden und ich freue mich, dass es schon bald so weit sein wird, dass ich meine Lieben wieder schmecken und riechen kann. Dass ihr alle mich wieder *sehen* könnt und mein Geist wieder Form und Gestalt annehmen wird, dafür bin ich jetzt schon dankbar. Die Zukunft liegt in euren Händen. Nehmt die Gaben an und verbreitet sie in der Welt. Lasst eure Kinder teilhaben am Spektrum des Lebens und der allumfassenden Liebe, und bringt ihnen Achtung vor allen Lebewesen, die diesen Planeten bevölkern, bei, denn Kommunikation findet mit allem statt, was lebt.

Und nun fangt endlich an, mit euren Tieren zu sprechen, denn sie warten schon darauf. Zweifelt nicht, denn auch ihr, ja, auch *du* , der das hier gerade liest, wirst uns verstehen, so wie alle anderen vor dir …

In Liebe,
Felina

Ich bin wieder da!

Dass ich diesen Satz jetzt sagen kann, hat mich ganz schön viel Kraft und Anstrengung gekostet! Und obwohl ich Beate immer gesagt hatte, sie solle locker bleiben und keine Angst haben, sie müsse auch nicht nach mir suchen, denn ich würde den Weg zurück schon finden, hat sie genau das getan. Sie hat nach mir gesucht – und natürlich hat sie mich nicht gefunden.

Mein alter Freund Gino, ein Hund von Beates Freundin, hat viel dabei geholfen, da durch seinen Tod die Brücke zu mir gebaut wurde. Beate hat sich gegen die Liebe und die Freude gewehrt, weil sie sich nur von Äußerlichkeiten leiten ließ. Sie hat deutliche Antworten und Zeichen bekommen – und sie nicht als solche akzeptiert. Ich habe Regenbögen geschickt und sie wurden falsch interpretiert.
Meiner Menschenfreundin Sabine habe ich auch viel zu verdanken, denn sie hat am Ende maßgeblich dazu beigetragen, dass Beate endlich klarsah und die richtige Entscheidung treffen konnte. Dafür sage ich noch einmal von Herzen Danke, Sabine. Nicht nur Glück und Freude können übermittelt werden, son-

dern auch Tränen und Verzweiflung. Und als mich Beate dann endlich als ihren Engel erkannte, hat sie nur noch von mir geträumt. So hat sie letztlich dann auch »verstanden«.

Da wundert man sich doch ein bisschen, wenn man bedenkt, dass sie mit Tieren spricht, aber nun gut. Man konnte in diesem Fall wieder sehr deutlich beobachten, dass Ängste einen derart blockieren können, dass man die Wahrheit, das, was greifbar vor einem steht, nicht erkennen kann, dass Wahrnehmung, Intuition und Gefühl anscheinend ausgeschaltet sind. Aber man sieht auch, dass trotz aller Schwierigkeiten, misslicher Umstände und Blockaden Tiere wieder zu ihren Menschen zurückkommen können. Am Ende passiert genau das Richtige – und jetzt bin ich endlich wieder da!

SAFI – Eine neue Zeit beginnt...

Das erste Gespräch mit Safi, das zur Entscheidung beitrug, dass Tao/Safi meine neue Felina ist.

Hallo du kleine Maus, hier spricht die Sabine. Ich möchte mich gerne mit dir unterhalten. Hast du denn schon einen Namen?
Meine Geburtshelfer nennen mich Tao.

Das ist kein deutscher Name?
Nein.

Bist du weiblich, Tao?
Ich denke, ich bin ein Mädchen.

Möchtest du in einer Familie wohnen, möchtest du viel draußen sein, oder wie stellst du dir deine Zukunft vor?
Ein kleines Häuschen, in dem ich wohnen darf.

Sollen oder dürfen da auch andere Tiere wohnen oder möchtest du dort als einziges Tier sein?
(Sabine: In diesem Moment hatte ich den Eindruck, dass Felinas Seele anwesen war)

Felina, bist du jetzt hier?
Nein, ich bin die Mutter und ich sage dir, diese Kleine kommt vom Stern, vom Himmelszelt.

Wie kann ich diese Aussage deuten?
Das ist eine Botschaft, die dir weiterhelfen soll.

Ja, ich brauche auch eine konkrete Botschaft, da meine Freundin nach ihrer verstorbenen Felina sucht. Ist die Kleine Tao Felina, oder ist sie es nicht?
Ich sehe jeden Tag einen Regenbogen beim Erwachen.

Warum wirkt die Kleine so traurig oder – wie soll ich sagen – skeptisch?
Das ist der Spiegel des Betrachters. Ich finde deine Freundin soll jetzt handeln, jetzt ist die Zeit reif,

die Entscheidung zu treffen. Sie wird sich richtig entscheiden.

Warum spürt sie dann das Glück in ihrem Herzen nicht, sie müsste doch Felina von Weitem erkennen?
Sie traut sich nicht, sie kann das Glück noch nicht fassen, dass sie endlich da ist.

Ich bin total verunsichert und setze mich mit meiner geistigen Führung in Verbindung: »So, liebe Ahnin, leider habe ich dich nicht schon längst mit einbezogen. Doch jetzt bitte ich dich von ganzem Herzen, da ich mir wirklich nicht sicher bin, ob es der Hund ist, der für Beate bestimmt ist. Sag mir jetzt bitte, wie es ist.
Ich bekomme ein Bild von Tao, die von einem Regenbogenlicht umgeben ist.

Beate soll sich nun langsam für ihr Glück entscheiden. »Hol mich endlich ab!«

Dieses Gespräch hat mir, Beate, sehr geholfen, richtig zu sehen und zu fühlen, denn durch die Wahrnehmungen und Emotionen, die es in mir auslöste, war mir auf einmal alles klar. Die Erwähnung des »Sterns vom Himmelszelt« war wohl mit der wichtigste Faktor, da ich einige Zeit zuvor ein Gedicht mit genau diesem Begriff verfasst hatte.
Meine Erfahrungen versuche ich jetzt an andere weiterzugeben, sodass sich Menschen, die sich in einer

ähnlichen Situation befinden wie ich damals, nicht aufgrund von Unsicherheiten und Ängsten selbst quälen. Man kann wirklich keine falsche Entscheidung treffen, man kann sich nur eine Zeit lang selbst im Weg stehen.

Danksagung

Dieses Buch wäre ohne die Hilfe all der lieben Engel und so manch helfender Hand an meiner Seite nicht möglich gewesen. Zu allergrößtem Dank verpflichtet bin ich meiner Seelenfreundin Felina, ohne die dieses Buch erst gar nicht zustande gekommen wäre, denn der Inhalt ist, bis auf ein paar wenige Ausnahmen, ausschließlich von ihr.

Des Weiteren danke ich allen anderen Tieren und ihren Menschen für die Erlaubnis, all die Gespräche und Mitteilungen in diesem Buch veröffentlichen zu dürfen. Vielen, vielen Dank sage ich auch meiner Katzenfreundin Susi, die mich unentwegt forderte und förderte, deren stetige Aufforderungen mich dann auch dazu ermutigten, mein Wissen weiterzugeben. Meinem Pferd Icaré danke ich sehr, das mir manches Mal sprichwörtlich Beine machte, endlich fortzufahren, nicht stehen zu bleiben und zu verweilen, da es doch noch so viel zu tun und zu erleben gebe.
Und natürlich danke ich all den lieben Menschen um mich herum, die mich tatkräftig dabei unterstützten, dieses Buch fertigzustellen und zu veröffentlichen.